信用保証協会保証付融資の債権管理

静岡中央銀行　顧問
両部美勝［著］

弁護士法人　中央総合法律事務所　弁護士
中務嗣治郎［監修］

一般社団法人 **金融財政事情研究会**

はしがき

　金融機関の置かれている環境にはきわめて厳しいものがあり、適正な収益を確保することが困難な時代に突入している。その原因にはさまざまなものがあるが、とりわけ本業とされる融資業務での適切な利鞘の確保が困難であることが最も大きな理由であろう。そのような事態となるのは、景気浮上の足取りが鈍く、前向きの正常な借入需要が低迷していることと、長期間に及ぶ低金利政策の維持（マイナス金利政策はその極地といえる）、数少ない融資需要を多くの金融機関が奪い合うオーバー・バンキング現象等が原因である。

　それでも収益確保の手段が豊富なメガバンクや一部の大手地方銀行は、海外業務や手数料ビジネス等に活路を見出すことも可能であるが、その他の多数の地域金融機関は本業である融資業務の適切な運用が不可欠とされる。

　たとえば、融資債権1,000万円が未回収となり、同額の損失が発生した場合、それを融資業務で取り戻すには新たに10億円（資金利鞘年0.3％）の正常融資債権を積み増し、3.3年間をかける必要がある。こうした試算からしても、不良債権を発生させないことと、債権回収を適切に実行することは地味ではあるが、きわめて重視すべき業務分野であることがわかる。

　ひるがえって地域金融機関の実情はどうであろうか。取引先の大宗を占めるのは中小・零細事業者であり、総じて（もちろん一部の例外はあるが）大企業に比べて信用力に劣る。したがって、取引先の実態を常時把握し、適切な債権管理・回収に注力する必要性はだれしも認識しているところである。しかしながら、地域金融機関では拡大する業務内容に見合ったマンパワーが充足しているとは言いがたく、また、かつては本部の融資管理部門に必ず存在した債権回収のプロ人材も少なくなった。

　このような条件下で、地域金融機関は保全確保が容易とされる信用保証協会の保証付融資に注力する傾向にあり、しかも融資契約締結時や事後の債権管理について金融機関に義務づけられた事項の理解が不十分なまま、実に危

うい業務推進態勢を余儀なくされている金融機関も多く存在するものと思われる。

筆者がかつて勤務した職場もそうであったように、現在勤務する職場もその例外ではない。ことに信用保証協会保証付融資が一時期かなり高い代位弁済比率となったことがあり、また保証否認事件も多く経験した。それらについて営業店現場からの相談を受けているうち、信用保証協会の保証制度利用をめぐる多くのルールのうち、いくつかのポイントとなる事項を押さえておけば大きな事故は回避できることに気がついた。また、債権管理・回収業務で一般的に必要とされる知識（保証付債権、プロパー債権に共通して必要とされる知識）のうち、同じくポイントとなる事項を理解しておくことが欠かせないという結論に至った。

そして、それらの必要不可欠な事項について急きょ実務マニュアルを作成し、希望者を対象に休日講座を開催して内容解説の場を設けたところ、その後、多くの場面でその効果が確認されている。

融資債権管理・回収についてはすでに多数の参考図書が出版されており、それらに通暁すれば何の懸念もないであろう。また信用保証協会の保証制度についても、すでにほぼ完全な解説書が専門家によって執筆・出版されている。

しかしながら、ただでさえマンパワー不足の営業現場担当者にそれらの解説書に通暁することを求めるのは現実的とはいえず、また信用保証協会の保証制度を利用者の視点から論述したものの存在を筆者は知らない。

したがって、本書は何よりも早急に知識を身に付けてもらいたい営業現場担当者を読者として念頭に置き、必要最低限かつ実務的にポイントとなるであろう事項のみを収録した。また、筆者の通算49年に及ぶ銀行員生活のうち、4年間の営業店上級管理職と29年間の金融法務業務から得た経験から、現実に発生した事件または発生する可能性の高い事件を事例研究として掲げた。基本的な事項の理解と、それに基づく実務対応が可能となるよう即効性をねらったものである。

より完成された著作物の筆者や、信用保証協会の関係者の立場からすれば、多くの異論があることは十分に認識したうえで、現実に業務運営に携わる金融機関職員が適切に信用保証制度を利用することができるようになることを念頭に置いて執筆したことに対して理解を求めたい。本書を利用することで営業現場に効果が顕れることを祈念してやまない。

　最後に、熟達した法律家の目で本書を監修していただいた中央総合法律事務所・代表社員会長の中務嗣治郎弁護士に厚く御礼を申し上げたい。同氏の尽力により、本書の内容が磨かれ、法律的により正確になった。また、本書の出版に際しては株式会社きんざい出版部の花岡博部長に多大なご協力をいただいたことを感謝したい。

　平成29年5月

両部　美勝

監修のことば

　わが国の産業・経済の発展、とりわけ地域経済の活性化と発展のためには、中小企業者に対する金融が円滑に機能していることがきわめて重要である。

　この中小企業者に対する金融の円滑化を図るため、金融機関の中小企業者に対する融資について、信用保証協会の保証制度が重要な役割を担ってきた。しかも、これから地域経済の活性化を図るためには、その役割は今後いっそう大きくなっていくものと思われる。

　一方、金融機関にとっては、信用保証協会という公的機関が、信用保証によって融資のリスクを引き受けてくれるということで、ややもすれば、金融機関のいわゆるプロパー融資に比較して、融資業務が安易に流れる危険性も内在している。

　しかしながら、信用保証協会の保証は、金融機関との間で締結されている保証契約によって規律され、融資の管理回収についての注意義務が軽減されることはなく、かえって、その注意義務を怠ったことにより、保証免責という法的紛争に発展する例が少なくない。

　本書の意義は、信用保証協会の保証付融資に係る債権管理・回収についての法的諸問題や留意点について、日夜その業務に携わっている金融機関の担当者を対象に解説したことにある。

　著者の両部美勝氏は、旧三和銀行（現三菱東京UFJ銀行）において銀行業務全般について豊富な経験を積まれた後、法務室長、法務部長と法務部門の要職を務められ、定年退職後は静岡中央銀行の取締役コンプライアンス統括部長、常務取締役を歴任され、現在は同行顧問の職責を全うしながら、金融法務の研究成果を発信し、銀行実務・法務で活躍されている練達の士である。金融法務については、その略歴にも紹介されておられるように、多くの著作を公刊されるとともに、研究論文を数多く発表され、特に高齢者取引に

ついての研究の先駆性は各方面から高く評価されている。

　小生にとって両部美勝氏は三和銀行法務部在職当時以来親交を重ね、心より畏敬の念を抱いている学究であり、今般、その監修の役割を依頼されたことは、この上もない名誉である。

　本書では、信用保証協会の保証付融資の債権管理・回収をめぐって営業部門の担当者が犯しがちな誤りを指摘し、正しい法理を論述するとともに、事例研究において具体的に適切な処理を解説されている。本書によって、1人でも多くの金融機関の担当者が、中小企業者に対する融資の円滑化のため、信用保証協会の保証を適切に利用されるようになることを願っている。

　平成29年6月

弁護士法人中央総合法律事務所
弁護士　中務　嗣治郎

【著者略歴】

両部　美勝（りょうべ　よしかつ）

　　昭和43年3月　大阪大学卒業
　　昭和43年4月　三和銀行（現三菱東京UFJ銀行）入行
　　昭和62年2月～平成17年4月　同行法務室、コンプライアンス統括部で金融法務業務に従事。この間、法務室長、同部部長等を歴任
　　平成17年4月　同行を定年退職
　　平成17年5月　静岡中央銀行入行、同行取締役コンプライアンス統括部長、常務取締役を経て同行顧問（平成29年6月現在）

［主要著書］
『［新版］相続と債権保全対策』（共著）
『高齢者との金融取引Q&A』（編著）
『新破産法と金融実務』（共著）
『必携金融機関のコンプライアンス』（共著）
『事例に学ぶ営業店クレーム・トラブル対策』（共著）
（以上いずれも金融財政事情研究会刊）
通信講座「事例で学ぶ営業店コンプライアンス実践講座1・2・3」（共著）
通信講座「高齢者との金融取引がよくわかる講座」（共著）
（以上いずれもきんざい刊）
通信講座「相続手続き実務コース」（共著、経済法令研究会刊）
ビデオで学ぶ「実務ポイント」シリーズ第15巻「ケースで学ぶ高齢者取引【DVD版】」（経済法令研究会刊）
『高齢者との取引Q&A』（第二地方銀行協会刊）

【監修者略歴】

中務　嗣治郎（なかつかさ　つぐじろう）

昭和39年、弁護士登録（大阪弁護士会所属）。
大阪弁護士会会長、近畿弁護士会連合会理事長、日本弁護士連合会副会長、株式会社T&Dホールディングス社外取締役ほか事業会社の社外役員、堺市包括外部監査人等歴任。
現在、弁護士法人中央総合法律事務所代表社員会長として信用保証協会、銀行等数多くの金融機関の法律顧問を務める。

[主な論文・著書]
「集合動産譲渡担保の効力」金融法務事情1433号
「住専処理と金融機関取締役の責任（座談会）」金融法務事情1458号
『企業対象暴力と危機管理』共著　金融財政事情研究会刊
『債権回収必携　執行トラブルQ&A』共著　経済法令研究会刊
『危機管理の法理と実務』共著　金融財政事情研究会刊
『金融商品取引ルール実務対策』監修　金融財政事情研究会刊
『一問一答　新会社法と金融実務』共著　金融財政事情研究会刊
『新訂貸出管理回収手続双書　回収編・貸出管理編』編集共同代表　金融財政事情研究会刊
『銀行窓口の法務対策4500講』共同監修　金融財政事情研究会刊
その他多数

【本書執筆の参考資料】

・『信用保証協会の保証〔第5版〕』(関沢正彦監修、金融財政事情研究会刊)
　　出典個所については「信用保証協会の保証」○-○-○（同書の索引番号）で表示した。
・全国信用保証協会連合会「約定書例の解説と解釈指針」(金融法務事情1818号)
　　出典個所についてはそのつど表示した。
・その他参考資料としたものは、該当箇所に表示した。

目　次

第1章　中小・零細事業者との金融取引と信用保証協会保証制度　　1

第2章　信用保証協会の保証制度を利用するための基礎知識　　7

Q1　信用保証書①／信用保証書の有効期間はありますか…………… 9
Q2　信用保証書②／信用保証書の発行日以前に融資を実行することは可能ですか……………………………………………………… 11
Q3　延滞発生時の融資取組み／保証付融資を取り組むに際し、既存融資について延滞が発生している場合はどのように対応すればいいですか……………………………………………………… 13
Q4　法人成り／保証付融資先である個人事業者が法人成りした場合には、どのように対応すべきですか……………………………… 14
Q5　特殊な担保①／保証付融資で借地上の建物を担保の対象とする際の留意事項は何ですか……………………………………… 18
Q6　特殊な担保②／保証付融資で金銭債権を担保とする際の留意事項は何ですか…………………………………………………… 27
Q7　返済条件の変更申出／保証付融資先から返済条件変更の申出を受けた場合、変更内容の妥当性をどのように検証すべきですか…… 32
Q8　弁済の延滞①／保証付融資の約定返済が履行されずに延滞したら、どうすればいいのですか……………………………………… 37
Q9　弁済の延滞②／保証付融資の延滞正常化交渉における留意点は何ですか……………………………………………………………… 41

Q10 事故報告書／保証付融資について事故報告書を提出するのはどのような事態が生じたときですか……………………………46

Q11 期限の利益の喪失①／「期限の利益の喪失」とは何ですか………48

Q12 期限の利益の喪失②／信用保証協会の保証付債権における期限の利益喪失手続の特徴は何ですか……………………………51

Q13 期限の利益の喪失③／期限の利益の「請求喪失」を行う際の留意事項は何ですか……………………………………………53

Q14 相続放棄／保証付融資の借り手が死亡し、第1順位相続人が相続放棄した場合はどうすべきですか………………………56

Q15 預金との相殺①／保証付融資とプロパー融資が併存する場合、借り手や保証人の預金との相殺はどのような優先順位で行うべきですか……………………………………………………………59

Q16 預金との相殺②／信用保証協会の保証付債権と預金を相殺する際、どのような時期を選ぶべきですか………………………63

Q17 預金との相殺③／法的整理手続を開始した借り手について、預金相殺の時期の制限はありますか……………………………66

Q18 預金との相殺④／保証付債権のうち信用保証協会から代位弁済を受けることができない部分について預金と相殺することはできますか……………………………………………………………67

Q19 代位弁済請求／金融機関が信用保証協会に代位弁済を請求できるのはいつからですか……………………………………………69

Q20 保証免責の種類／保証免責にはどのような種類がありますか……71

Q21 旧債振替①／保証免責のうち旧債振替とはどのような内容ですか……………………………………………………………………73

Q22 旧債振替②／保証付融資の融資金が、既存の融資の分割返済に充当された場合も旧債振替として保証免責となりますか………76

Q23 保証契約違反／保証免責事由のうち保証契約違反とはどのような内容ですか…………………………………………………………78

Q24 資金使途違反①／保証契約違反を理由とする保証免責のうち、
　　資金使途違反とはどのような内容ですか ································· 82
Q25 資金使途違反②／設備資金の保証付融資で資金使途違反による
　　保証免責とならないためにはどうすればいいですか ················· 86
Q26 資金使途違反③／運転資金の保証付融資で資金使途違反による
　　保証免責とならないためにはどうすればいいですか ················· 90
Q27 資金使途違反④／保証付融資金が入金された預金口座から公共
　　料金等が引き落とされた場合、資金使途違反となりますか ·········· 93
Q28 保証条件担保の未取得／保証条件の担保を徴求せず、保証免責
　　となるのはどのような場合ですか ·· 94
Q29 故意または重大な過失による取立不能／保証免責事由のうち、
　　「故意または重大な過失による取立不能」とは何ですか ··············· 97
Q30 要素の錯誤／要素の錯誤による保証の無効とは何ですか ·········· 103
Q31 反社会的勢力との取引排除／借り手が反社会的勢力に属するか
　　どうかを見極めるための効果的手段は何ですか ························ 106
Q32 融資金詐欺／保証付融資先に中小事業者の実体がなく、融資金
　　詐欺であった場合に、保証契約の有効性はどうなりますか ·········· 110
Q33 保証債務履行請求権の存続期間／金融機関が信用保証協会に代
　　位弁済を請求できるのはいつまでですか ································· 113
Q34 紹介融資／紹介による保証付融資の問題点は何ですか ············· 115
Q35 債権管理上の注意事項／保証付融資の債権管理で最も注意すべ
　　き事項は何ですか ··· 117

第3章　事例研究　　121

事例研究1　　キャッシュフロー分析 ·· 123
事例研究2　　旧債振替① ··· 126
事例研究3　　旧債振替② ··· 128

事例研究 4	旧債振替③	131
事例研究 5	旧債振替④	135
事例研究 6	資金使途違反①	137
事例研究 7	資金使途違反②	140
事例研究 8	資金使途違反③	143
事例研究 9	故意または重大な過失による取立不能①	146
事例研究10	故意または重大な過失による取立不能②	149
事例研究11	担保保存義務違反①	151
事例研究12	担保保存義務違反②	155
事例研究13	保証条件違反①	160
事例研究14	保証条件違反②	164
事例研究15	保証条件違反③	167
事例研究16	預金相殺充当の優先順位	170
事例研究17	手形支払義務者の民事再生手続開始と異議申立預託金との相殺	172
事例研究18	預金相殺充当の範囲	175
事例研究19	金融業者の債権回収のための融資	177
事例研究20	反社会的勢力に対する保証付融資	179
事例研究21	融資金詐欺犯に対する保証付融資	182

- 巻末資料 ………………………………………………………… 185
- 事項索引 ………………………………………………………… 190

中小・零細事業者との金融取引と信用保証協会保証制度

1 金融機関にとっての信用保証協会保証制度の意義

　わが国の産業は、完成度の高い優れた製品やサービスを供給する大企業と、それを支える数多くの中小・零細企業から成り立っています。特に世界に誇る、優れた「物づくり」により、消費者ニーズにあった製品を供給するために、中小・零細企業は欠かせない存在といえます。

　そして、メガバンク、地域金融機関を問わず、金融機関の取引の相手方として中小・零細企業は圧倒的に多数を占める存在であり、これらの取引先に対して事業活動の血液ともいえる資金を円滑に供給することは、金融機関が果たすべき重要な使命です。

　しかしながら、大企業と比較すれば、一般的に中小・零細企業の信用力は低いため、それらの企業との与信取引では担保や保証人を求める機会が多く、物的担保力に乏しい取引先への円滑な資金供給が困難視されることも少なくありません。また、近時は「経営者保証ガイドライン」の適切な運用により、保証に頼らない与信取引の推進が求められていますが、現実に適用するとなるとかなりハードルが高いのが実態です。

　この問題を解決してくれるのが信用保証協会による保証制度であり、金融機関の融資業務では欠かせない存在となっています。したがって、金融機関の役職員はこの制度を利用する際の諸手続や金融機関に課せられた義務を十分に理解し、適切な運用を心がけることが必要とされます。それによって金融機関に固有の機能である信用創造機能や資金の期間変換機能を十分に発揮し、わが国の経済の発展に貢献できることとなるのです。

2 プロパー融資の債権管理との違い

　このように信用保証協会の保証制度は担保力に乏しい取引先への融資の保全手段として有力であり、金融機関はそれによって多くの利益を得る半面、信用保証協会に対して果たすべき多くの義務が課されています。

　たとえば、融資実行時には「旧債振替の禁止」に配慮しなければなりませ

ん。これは、金融機関が保証付融資を利用して既存のプロパー融資を回収することを禁止するルールで、融資業務に携わる者はだれであっても認識しておかなければならない「基本中の基本ルール」です。信用保証協会の保証制度の本質が「中小・零細事業者への円滑な資金供給の実現」であることにかんがみれば当然のルールであり、金融機関が意図したものではなく、借り手が勝手に行った旧債振替であっても、金融機関に帰責事由ありと判断されれば、保証免責となって代位弁済を受けられなくなってしまいます。金融機関は旧債振替と評価される事態を招かないよう、借り手の行動や融資金の動きに注意しなければならないことになります。

次に保証付融資実行後の債権管理の場面においては、信用保証協会に申請した内容と相違して融資金が使われることがないように借り手の行動や融資金の動きを監視しなければなりません。保証契約の内容どおりに融資金が使われず、それについて金融機関の故意または過失が認定されれば、「資金使途違反」（保証契約違反の1つ）として、やはり保証免責となります。これは融資実務で最も注意を要する事項の1つといえ、融資金の資金トレースを行わずに放置した結果、申請内容と異なる資金使途に融資金が消費され、後日代位弁済請求すべき時点で気づいても修復不能の場合、金融機関の不作為の過失として保証免責が主張される可能性が高いこととなります。

また、借り手の信用状況に変化が生じた場合、金融機関は債権者の立場での判断に加え、信用保証協会へ「事故報告書」を提出して情報提供に努めるとともに、以降の対応につき事前協議を要する事項について、もれのないように努める必要があります。

これらのうち旧債振替は、プロパー融資では特に問題とならない事項です。借り手の資金使途違反や信用状況の変化はプロパー融資においても注意しなければならない事項といえますが、保証付融資の場合は信用保証協会特有のルールがあるので、プロパー融資の場合のように金融機関だけの判断で借り手への対応を決めてはならず、信用保証協会との協議が必要になります。

さらに、保証付融資では金融機関のリスクが軽減されているため、債権の保全・管理が甘くてよいという認識は誤りです。金融機関は保証付融資の実行時に設定を受けた担保権や保証人について、借り手から解除の要請を受けた際には、民法で定める「法定代位者のための担保保存義務」（民法504条）への抵触に注意する必要があります。保証付融資の実行の前に設定された担保・保証、あるいは保証条件外の担保・保証であっても、それらの解除は債務者の信用状況次第では同義務に抵触することがありえます。

　また、金融機関は信用保証協会との保証契約上、保証付融資債権の保全・管理についてプロパー融資債権の保全・管理と同様の善管注意義務を負い、１回でも延滞が生じたり、信用保証協会への事故報告書の提出が必要な事由が生じたりすれば、その後の債権回収にあたって保証付融資とプロパー融資を同等に取り扱う義務が生じます。

3 金融機関の実務の現状

　ところで、これらに対応する金融機関の実務の現状はどうでしょうか。金融機関の業務範囲は一昔前に比べると格段に拡大しており、特に「預金、為替、融資」の本来業務以外の分野の比重が著しく高まっています。とりわけ、リテール業務分野では投資信託や公共債、保険商品等の販売により手数料収入を獲得する傾向が強くなりつつあり、法人取引分野でも各種デリバティブ商品等の取引推進により、本来の融資利息を根幹とする資金収益とは異なる性質の収益増強の動きがみられるところです。

　この金融機関の収益構造の変化は特に米国の銀行で進んでおり、手数料収益が全収益の50％を超える状態にあると聞きますが、やがてわが国の金融機関もそれに近い収益構造に変化していく可能性があります。もっとも、中小・地域金融機関においては手数料収入の占める割合はまだまだ低く、預金・融資を中心とする収益に依存している面が強いといえますが、その結果、新規融資案件の獲得競争が激しくなり、取引残高の増加にほとんどの精力を投入し、いきおい融資取組み後の債権管理や回収が疎かになる傾向が生

じていることは否めません。

　しかも、業務の拡大に応じて現場の職員数が増加しているわけではなく、金融機関の営業担当者は時間的余裕に乏しい厳しい環境下での対応を余儀なくされていることから、一つひとつの業務を深く掘り下げて、あるべき姿と、なぜそれが求められるのかという観点から検証を試みることが少なくなっており、それらをOJTによって指導し手薄な部分をカバーすべき職場の上司も十分に力を発揮できている状態とは言いがたいでしょう。

　信用保証協会の保証制度を利用した融資業務においても、以前は多くの金融機関職員にとって常識とされていた知識を身につけていない者によって引き起こされる事故が珍しくありません。保証付融資金による「旧債振替」や「資金使途違反」の発生を見過ごしたり、「担保権解除による担保保存義務違反」に該当する行為を何の疑問もなく行うことなどがその代表例です。

　中小・零細事業者との取引推進にあたってきわめて有力な信用保証協会の保証制度を適切に活用していくため、融資業務に携わる営業現場の職員は、保証付融資の債権管理に関する基本的な知識を身に付けたうえで、業務に従事することが切実に求められているのです。

4　最近の特徴

　中小事業者の金融支援を目的として成立した中小企業金融円滑化法は平成25年3月をもって適用が終了しましたが、同法に基づいて返済条件を緩和された数多くの融資先のなかには、依然として業績が回復せず、かろうじて生き延びている状態の者が少なくありません。その結果、融資の返済が再び滞り、再度の返済条件変更の申出を受ける事態が多発しており、これらの融資先には信用保証協会の保証を得た者も多数含まれています。

　そのような融資先からの返済条件変更の申出に応ずるためには信用保証協会の承諾を必要とすることはいうまでもありませんが、申出内容について検討する際には延滞発生原因や条件変更後の債務履行の可能性について従前以上に債務者の実態に踏み込んだ分析を行うことが必要とされます。金融機関

は債権者の立場から主体的に信用保証協会保証付融資債権に対する条件変更申出の要否を検討すべきであって、間違っても金融機関自身での的確な判断を省略し、「信用保証協会の判断に任せる」といった無責任な姿勢で臨むべきではありません。

次に、反社会的勢力との取引排除が法的義務を超えた社会的要請となった結果、反社会的勢力への融資に対する保証の法的な有効性について金融機関と信用保証協会が裁判で争う事件が注目を集めています。また、中小事業者としての実体がないにもかかわらず、それを仮装して融資金を詐取した債務者に対する保証の有効性に係る紛争も、従前からみられるところです。

この問題については、新たに出された最高裁の判断によって一定の方向性が定められたものと解されますが、より重要なことは、損害を金融機関と信用保証協会のいずれが負担するかを決定することではなく、将来に向けて反社会的勢力や融資金詐欺犯人など融資取引先としてふさわしくない者との取引を排除することにあることはいうまでもありません。そのためには金融機関が与信判断時に適切な注意義務を尽くすことが必要であり、それがひいては信用保証制度の健全な利用につながるのです。

信用保証協会の保証制度を利用するための基礎知識

本章では、信用保証協会の保証制度を利用するうえで金融機関の役職員が理解しておくべき基本的な事項を掲載します。実際にはこの何倍もの数の信用保証協会の保証制度固有の事項がありますが、筆者の実務経験からどうしても押さえておくべき事項を抽出したものです。すべての項目が「Q&A」のスタイルをとっていますので、読者が実務上で認識した問題点について解答に直接アクセスできるようになっています。

　ところで、特に債権管理手続の分野で、各地の信用保証協会によって異なる対応をしている事項がみられます。代表的な例として、「事故報告書の提出事由」「期限の利益喪失手続」「期限の利益喪失前の未収利息のうち代位弁済を受けられる範囲」などがあります。これらの点は、金融機関の実務担当者として十分に認識しておかなければなりません。というのは、営業店が全国にあるメガバンクや、複数の都道府県に営業店をもつ地域金融機関では、ある店舗で経験した債権管理ルールが転勤した先の他の店舗では通用しないこともあるからです。

　信用保証協会ごとに異なるルールについて、本章では詳細を説明していませんが、実務では各地の信用保証協会が定める手続に沿った対応が求められます。新しい店舗に着任した際には、当地の信用保証協会が定める手続を押さえたうえで、融資業務に従事することを忘れないでください。

1 信用保証書①

Q 信用保証書の有効期間はありますか

A 信用保証書の有効期間は保証書発行日の翌日から起算して30日であり、その期間内に融資が実行されないと失効します。

---解 説---

1 信用保証書の有効期間

　信用保証協会が保証を承諾した場合、その事案ごとに「信用保証書」が金融機関宛てに発行されます。信用保証書の発行を受けた金融機関は、そこに表示された内容に沿って融資先と契約を締結し、融資手続をとります。

　この融資は、信用保証書に表示された「保証日」の翌日から起算して30日以内に実行する必要があります。その期間を経過すると信用保証書は失効し、保証付融資債権について将来、代位弁済を請求しても応じてもらえません。その具体的な日付は、信用保証書に脚注表示されている場合が多く（巻末資料の「信用保証書例」を参照）、保証を有効なものとするためには重大な意味をもっています。したがって、なんらかの理由により融資の実行が保証日付から30日を超えてしまった場合、あらためて信用保証協会から信用保証書の発行を受ける必要があります。

　なお、特別の事情があると認められる場合は、信用保証書の有効期間を発行日の翌日から起算して60日まで延長することができますが、そのためには信用保証協会との協議を経る必要があります。

　保証日から30日目、または60日目が銀行の休業日に当たる場合は、信用保証書はその翌営業日まで有効となります。

2 根保証の場合

 このほか、根保証の場合は極度額、始期と終期の保証期間等が定まっていますので、それらを正しく理解したうえで債権管理にあたる必要があります。基本的な留意事項は以下のとおりです。
 (1) あらかじめ一定の極度額と期間の定めがあり、その範囲内で反復継続して発生する融資、手形割引、当座貸越について、期間満了時に存在する元本残高が保証対象となります。
 (2) 融資、手形割引、貸越残高は保証期間を通じて極度額以内である必要があります（なお、例外的に極度額を超えても保証の効力が認められるケースについてはQ23 2 (1)を参照）。
 (3) 保証期間内に実行された融資、手形割引等が保証対象となります。したがって、手形貸付で保証期間内に新たに実行したものの返済期日が保証期間の「終期」を超えていたり、割引した手形の満期日が「終期」を超えていたりする場合も保証対象となります。ただし、個々の融資または割引の期間は、おおむね6カ月以内とされているようです。

(参考：「信用保証協会の保証」2－5－1～3、3－2－3、3－2－8)

2 信用保証書②

Q 信用保証書の発行日以前に融資を実行することは可能ですか

A 信用保証書の発行日以前に実行された融資は保証の対象とされません。また、つなぎ資金として取り組んだ融資について保証付融資金で返済を受けると、旧債振替制限条項に抵触し、保証免責とされます。

──────────── 解 説 ────────────

1 発行日以前の融資取組みは保証されない

　信用保証書に表示された発行日の翌日から起算して30日以内に保証条件どおりの融資を実行することが信用保証協会の保証を有効なものとするための必要条件であり、発行日以前に実行した融資は、その他の条件が保証条件と一致していたとしても保証対象には含まれません。

2 「つなぎ融資」を行った場合

　また、信用保証書の発行日以前に「つなぎ融資」として、たとえば手形貸付で1,000万円の融資を実行し、信用保証書が発行された後に保証条件どおりに証書貸付で1,000万円の融資を実行して、その資金でつなぎ融資である手形貸付の返済を受ける行為は、旧債振替制限条項に抵触し、保証免責となります（約定書例11条1号）。保証免責の場合、債務者が将来、債務を履行せず、金融機関が信用保証協会に対して代位弁済を請求しても、弁済を受けることはできません。

3 保証条件どおりの融資取組み

　逆に、既存の保証付融資の残債の返済を受けることが条件であると信用保

証書に表示されていることがあります。なんらかの事由で既存の保証付融資債権について約定どおりの弁済を受けることができない場合に、新たな融資を取り組むことによって既存融資の残債の返済を受けることにより事実上契約の更改を行うケースや、既存の保証付融資について約定どおりに弁済を受けているものの、債務者に新たな借入需要が生じ、その満額を保証するだけの信用力に欠ける場合に新たな保証額に融資残高を抑えるために、同じく既存融資の残債の返済を受けるケースが該当します。この種の保証条件が付されている場合は、その内容どおりに手続を踏む必要があります。

4 借入ニーズに合致した信用保証書の発行を

　このように、信用保証書の発行日以後、その有効期間内に保証書に表示された保証条件どおりの内容の融資に取り組むことが、有効な保証を受けるための必要条件となります。金融機関としては、将来保証免責が主張される事態を避けるため、取引先の資金需要の中身や必要時期を正確に把握し、借入ニーズに合致した信用保証書の発行を受ける必要があります。

（参考：「信用保証協会の保証」3-2-7）

延滞発生時の融資取組み

 保証付融資を取り組むに際し、既存融資について延滞が発生している場合はどのように対応すればいいですか

 既存融資に延滞が発生している状態で、新規の保証付融資に取り組んではいけません。

---- 解 説 ----

1 延滞発生原因の解明

　信用保証協会の保証を受けて融資する金融機関は、保証付融資、プロパー融資を問わず、融資債権の管理について同じレベルの注意を払うことが求められています（約定書例9条1項、なおQ29を参照）。

　既存融資の延滞発生は当該融資先の信用状態に赤信号が点灯したことを意味するため、その状態を放置したまま新規の保証付融資に取り組むことは上記の注意義務に反することとなります。

　そのような場合には、融資先に対して「延滞発生原因」を聞き、「その解消方法」についての説明を求め、納得できる説明を受けた場合は信用保証協会と協議のうえ、新規融資についての対応を決定します。

2 解明できない場合は融資取組みを中止

　延滞解消方法等について納得できる説明が受けられない場合、もしくは信用保証協会との協議の結果、新規融資への取組みを回避する旨の指示があった場合は、いずれも融資取組みを中止します。

4 法人成り

Q 保証付融資先である個人事業者が法人成りした場合には、どのように対応すべきですか

A 個人の債務を法人に引き受けてもらう必要があります。債務引受の契約内容としては、重畳的債務引受契約、免責的債務引受契約、免責的債務引受契約と個人の連帯保証の組合せ等があります。

---- 解 説 ----

1 「法人成り」とは

　個人事業者が新たに法人を設立し、事業そのものを法人に移すことを「法人成り」といいます。従前の事業に係る資産・負債のうちどこまでが法人に移るかは、個人事業者と法人の間の事業承継に係る契約の内容によりますが、通常、従前の事業に係る資産・負債の多くの部分が法人に移ります。ただし、従前の事業に供していた土地・建物は個人資産として留保し、法人から賃料を収受するケースも少なくありません。

2 法人による債務引受の諸形態

　個人事業者との間で信用保証協会の保証付融資取引があった場合、当該融資債権も法人に移ることとなりますが、その際、金融機関と法人の間で債務引受契約を締結する必要があります。

　債務引受の方法には、重畳的債務引受契約（従前の債務者であった個人との債権・債務関係は維持したまま、法人が債務を引き受ける）と免責的債務引受契約（債務は法人が引き受け、従前の債務者であった個人は債務免除される）の2種類があり、場合によっては免責的債務引受契約によって法人が引き受けた

債務を個人が連帯保証する場合もあります。いずれの契約内容によるのかについては、まず債権者である金融機関が融資債権の保全や回収の可能性等を考慮したうえで判断した後に、信用保証協会との協議を経て決定することとなります。なお、一部の信用保証協会では重畳的債務引受契約を原則とする運用がなされているようです。

❸ 連帯債務固有の留意事項

　重畳的債務引受契約における債務引受人と原債務者の債務は「連帯債務」の関係となるため（最判昭和41年12月20日民集20巻10号2139頁）、連帯債務に固有の性質である「債務免除の絶対的効果」や「債務承認による消滅時効中断の相対的効果」に細心の注意を払う必要があります。具体的には以下のとおりです。

　(1)　民法437条では「連帯債務者の1人に対してした債務の免除は、その連帯債務者の負担部分についてのみ、他の連帯債務者の利益のためにも、その効力を生ずる」と規定されています。たとえば、1,000万円の連帯債務について一方の連帯債務者の債務を免除すると、連帯債務者間で債務負担割合について特段の取決めがない場合（取決めがあれば、負担割合はそれに従う）、債務免除された連帯債務者の負担割合は2分の1であるため、半額の500万円については他の連帯債務者も免除される効果が生じ、債権者は残る連帯債務者に対して500万円しか請求できないこととなります。債務免除を行い、かつ、この事態が生じることを防ぐには、免除する債務について他の連帯債務者が免責的に債務を引き受ける旨の債務引受契約を別途締結する必要があります。

　(2)　時効の中断には「請求」「差押え・仮差押えまたは仮処分」「承認」の3種類が設けられていますが（民法147条）、民法434条では「連帯債務者の1人に対する履行の請求は、他の連帯債務者に対しても、その効力を生ずる」と規定しており、さらに民法440条では「第434条から前条までに規定する場合を除き、連帯債務者の1人について生じた事由は、他の連帯債務者に

対してその効果を生じない」と規定されています。

　これを融資実務に即して解釈すると、A・B2名の連帯債務である融資債権について、Aに対して貸金返還請求訴訟を提起すると（「裁判上の請求」に該当する）、その時効中断の効果はAに対してのみならず、Bに対しても生じます。ところが、Aによる債務の一部弁済（「債務の承認」に該当する）がなされた場合、その時効中断の効果はAについては生じるものの、Bについては生じないこととなります。

　その結果、Bについて消滅時効が完成した場合、民法439条では「連帯債務者の1人のために時効が完成したときは、その連帯債務者の負担部分については、他の連帯債務者も、その義務を免れる」と規定されています。したがって、1,000万円の連帯債務について期限の利益喪失後、消滅時効完成前にAから100万円の一部弁済を受けると、その時点でAについては時効が中断する一方、Bについてはその効果が及ばず、その後、Bについて消滅時効が完成すると、残債務900万円の半額である450万円（A・B間に負担割合の特約ある場合はそれによる）についてはAも弁済義務を免れ、債権者はAに対して450万円しか請求できない事態となります。

　これらのほかにも、「連帯債務者の1人と債権者との間に更改があったときは、債権は、すべての連帯債務者の利益のために消滅する」（民法435条）との規定もあり、連帯債務による融資債権の管理には細心の注意を払う必要があります。また、本設例は法人とその代表者（元の個人事業者）の2名だけが連帯債務を負う関係のため、対応は比較的容易ですが、代表者について相続が開始し、連帯債務が複数の相続人によって共同相続（各相続人の相続分に応じた分割承継）された場合は、かなり複雑な債権・債務関係となることに留意する必要があります。

4　民法改正の影響

　なお、以上の連帯債務についての解説は現在の民法の定めによるものであり、予定されている民法（債権関係）改正後は次のような扱いになると思わ

れます。

(1)「連帯債務者の1人に対してした債務の免除は、その連帯債務者の負担部分についてのみ、他の連帯債務者の利益のためにも、その効力を生ずる」(民法437条)の削除が予定されており、連帯債務者の1人に対する免除は相対的効力事由に改められるため、残る連帯債務者に対しては債権全額の請求が可能となります。

(2)「連帯債務者の1人に対する履行の請求は、他の連帯債務者に対しても、その効力を生ずる」(民法434条)の削除が予定されており、現行での「承認」と同じく、「請求」についても消滅時効の中断の効果は相対化されることとなります。このため、裁判上の請求等により時効の完成を阻止するためには、連帯債務者全員を相手方とする必要があります。

(3) 消滅時効完成の期間については、すべての債権について「債権者が権利を行使できることを知った時から5年間、または権利を行使できる時から10年間」に改められ、現行の民事債権と商事債権の消滅時効完成期間の差異はなくなり、職業別の短期消滅時効の定めは削除されることとなります。

(4) 改正法では時効の「中断」が「更新」(最初から新たに時効の進行が始まる)、「停止」が「完成猶予」(時効の進行が一時ストップする)に言い換えられ、どのような事由が「更新」あるいは「完成猶予」になるかも変わります。「承認」は現行法と同じく更新事由ですが、「裁判上の請求」は完成猶予事由であり、判決が確定して権利が確定したことをもってはじめて時効が更新することになります。

特殊な担保①

Q 保証付融資で借地上の建物を担保の対象とする際の留意事項は何ですか

A 借地権の種類によって担保価値にはかなりの差異が生じます。実務上は建物部分に（根）抵当権の設定を受け登記することと、建物に対する（根）抵当権設定について地主の承諾書を受け入れることが基本となります。

------解説------

1 借地上の建物を担保とした保証付融資

　信用保証協会の保証には、無担保保証と有担保保証の2種類があります。有担保保証にも、被担保債権を保証契約に基づく求償権とする場合（抵当権者は信用保証協会）と、融資する金融機関が融資債権を被担保債権として債務者等から（根）抵当権設定を受け、信用保証協会との間で当該（根）抵当権の実行時には信用保証協会の保証付融資債権への弁済を優先する旨の特約を締結する場合の2種類があります。

　（根）抵当権の設定対象として最も一般的なのは土地・建物を共同担保とするものですが、借地上の建物を単独で対象とすることもあります。土地の所有権を維持した状態で、地上に建物の建築と使用を認め、その対価として地代を受け入れる「借地契約」は、都心部やその周辺、特に首都圏ではかなり広く行われており、借地上の建物を担保とした融資契約も珍しくありません。また、平成4年8月1日の改正借地借家法施行に伴い誕生した「事業用定期借地契約」は多くの地域で広く普及しています。

　そこで、以下では借地上の建物を担保として取得する際の留意事項を解説

します。本項の説明は信用保証協会の保証付融資、プロパー融資の別にかかわらず、すべての融資債権に当てはまりますが、借地上の建物の担保評価や担保権設定手続に不慣れなため、実務上、不適切な処理がなされる事態が想定されることから、特に取り上げるものです。なお、信用保証協会の保証付融資との関連性について言及すれば、借地上の建物への（根）抵当権設定が保証条件とされていた場合、金融機関の不注意でその担保価値が低下したと認定されれば、「保証契約違反」による保証免責（約定書例11条2号）を主張される可能性が生じます（Q23参照）。

2 借地権の種類

土地を地主から賃借し、地上に建物を建築して利用するには（建物の所有者は借地人）、地主と借地人の間で借地契約を締結する必要があります。借地契約の内容については、「借地借家法」でその詳細が定められています。

平成4年8月1日の借地借家法施行前の法律（旧借地法）では、借地権は「普通借地権」のみで、その内容は借地人に手厚く、借地人には土地を所有しているのと大差ない保護が与えられていました。たとえば、いったん締結した借地契約は、借地人が希望すれば何度でも契約更新が可能でした（地主に正当事由ある場合は契約更新を拒絶できるが、正当事由は限定的）。

このため、借地権設定に際しては相当の対価の支払が必要になり（堅固建物では更地価格の約9割、非堅固建物では約7割が一般的）、借地権の評価額がかなり高額なものとなっていたことに加えて、借地権が容易に設定されないという状況が生じていました。

こうした地主・借地人双方にとっての弊害を回避し、建物の使用目的等に応じて多様な借地権を設けるために法改正がなされました。新しい借地借家法では、多くの種類の借地権が誕生しています（図表1。ここで示したのは代表的な借地権であり、ほかにもいくつかの借地権が存在する）。

図表1　借地権の種類と特徴

No.	新旧別	名称	特徴（代表的なもののみ）
1	旧法	普通借地権	・契約期間満了後も、地主に正当事由ある場合を除き法定更新される ・滅失建物の再構築可能 ・地主に対する建物買取請求権あり ・新法施行後も旧法に基づく契約更新
2	新法	普通借地権	・契約期間は当初30年、更新は最初20年、その後は10年が最短期間 ・滅失建物が再構築された場合、地主の承諾により再構築日（または承諾日）から20年延長 ・地主に対する建物買取請求権あり
3	新法	一般定期借地権	・存続期間が50年以上 ・契約不更新、建物再構築後の存続期間延長せず、建物買取りなし、の3要件を契約に明示 ・公正証書による等書面による契約が必要 ・借地目的の制約なし
4	新法	建物譲渡特約付借地権	・借地権設定日から30年以上経過後に地主に対して建物を相当の対価で譲渡し、借地権を消滅させる契約
5	新法	事業用定期借地権	・借地人がもっぱら事業用建物の所有を目的とする借地権 ・存続期間10年以上50年未満。契約更新なし ・借地権設定料負担なし（ただし、保証金差入負担を伴う契約が多い） ・契約書の公正証書化が必要

（注）　新旧別：借地借家法は平成4年8月1日付で施行されたので、それ以前の借地契約は旧法、それ以降は改正後の新法に従って契約されている。

3 借地権を担保の対象とする際の留意点

　まず、対象の借地権がどの種類かを特定する必要があるため、建物の所有者に借地契約書の開示を求め、その内容を確認します。契約日が平成4年8

月1日以前であれば旧法により、以降であれば原則として新法により契約されたものとみなします。一般的に旧法による契約のほうが借地人に対して手厚い保護が与えられているため、当然に借地権の評価額は高くなり、新法での代表的な借地権である事業用定期借地権はこれに比べると低い評価額となります。また、旧法下で契約された借地権の契約期限が到来し、平成4年8月1日以降に契約が更新された場合であっても、旧法下で認められた借地人の権利等はそのまま維持されます。

借地契約書だけではよくわからない場合、借地上の建物の登記情報を入手すれば、より確実に借地権の種類の特定ができます。ただし、旧法下で設定された借地権であっても、それが建物所有を目的とした賃借権の場合、相当の対価が支払われていないものや、対価と保証金の差入れが併用されているものもあり、それらの内容を把握するためには借地契約書を確認する必要があります。

4 土地の賃借権は通常、登記されない

借地権は建物の所有を目的とする地上権または土地の賃借権と定義されますが（借地借家法2条1号）、「地上権」は「物権」の1種類であるのに対し（民法265条以下）、土地の賃借権は借地人にとっては「債権」である点で相違します。担保権設定契約の対象がどの種類に属するかについて、正確に認識する必要があります。

物権である地上権は第三者対抗要件を備えるために登記されますが、賃借権が登記されることはほとんどありません。しかし、借地権はその登記がなくても土地の上に借地権者が登記されている建物を所有するときは、これをもって第三者に対抗することができます（借地借家法10条1項）。

例外的に登記された賃借権に担保権（抵当権、質権、譲渡担保）を設定するためには、担保権を登記して第三者対抗要件を備える必要がありますが、多くの登記されない賃借権は借地上の建物に（根）抵当権の設定を受けることで、間接的に（根）抵当権の効力が及びます。したがって、このような場合

は、借地人の所有権登記がなされた借地上の建物に（根）抵当権の設定登記を受けることにより、賃借権についても（根）抵当権の設定登記を受けたものと解されます。そして、（根）抵当権行使により、借地上の建物が競売に付される場合は、当然に借地権付建物として処分されることとなります。

5 借地権の担保評価

　前述のとおり、旧法下で設定された借地権は借地人に強力な保護が与えられており、正常に借地契約が存続する限り、借地権の評価額は更地価格の7割から9割もの高い評価額となります。新法下での普通借地権も同様です。

　借地権が建物所有を目的とした賃借権であった場合、競売等で建物の所有権とともに賃借権を第三者に移転するためには、賃貸人（地主）の承諾が必要になりますが（民法612条1項・2項）、新たな借地人が賃借権を取得したことが賃貸人に不利となるおそれがないにもかかわらず、賃貸人が賃借権の譲渡を承諾しないときは、裁判所は借地権者の申立てにより、賃貸人の承諾にかわる許可を与えることができます。この場合、当事者間の利益の衡平を図るために必要があるときは、裁判所は賃借権の譲渡を条件とする借地条件の変更を命じ、または、その許可を財産上の給付に係らしめることができるとされています。その際、裁判所は、賃借権の残存期間、借地に関する従前の経過、賃借権の譲渡を必要とする事情その他いっさいの事情を考慮しなければならないとされます（旧借地法9条の2、9条の3。借地借家法19条、20条も同趣旨）。また、賃貸人が賃借権の譲渡を承諾しない場合、建物と土地の賃借権を譲り受けた第三者は賃貸人に対し、時価で建物その他借地権者が権原によって土地に付属した物を買い取ることを請求できます（旧借地法10条。借地借家法14条も同趣旨）。

　一方、新法下での借地権で最も代表的な「事業用定期借地権」の場合、借地契約期間や建物所有目的に制限を受けること、借地権設定時に対価の支払がないこと、その結果、借地料は相対的に割高となること、転売マーケットが未成熟であることなどから、評価額はきわめて低くならざるをえません。

ただし、現実の事業用定期借地権の設定契約では、借地人が地主に対して保証金を差し入れるケースが多いといえます。この保証金は借地契約解消時に無利息で借地人に返還される性質のものなので、この保証金返還請求権に質権設定を受けるほうが担保としての実効性が高い面があります。したがって、事業用定期借地権付きの建物を対象として（根）抵当権の設定を受ける際には、保証金返還請求権への質権設定をあわせて行うべきです。

6 借地上の建物の弱点と地主の承諾書

借地権は借地契約が正常に維持されている限り価値がありますが、借地契約が解除されると借地権は消滅します。そのような事態となると建物自体にはほとんど価値がなく、建物所有者には地主に対して原状復帰して土地を返還する義務が生ずることから、むしろ建物撤去費用がかかります。したがって、借地権が消滅した建物に担保価値を見込むことはほとんどできません。

借地契約の解除理由のなかで最も多いのは「地代の不払い」であり、それは借地契約書に必ず表示されている解除理由です。通常、地代そのものは相対的に低い金額であり、借地権設定時に多額の対価を支払うことが少なくないこととのバランスを考慮すると（事業用定期借地権ではない場合）、借地人にとって少額の地代不払いで価値ある借地権を消滅させる行為に経済的合理性は見出せません。

しかしながら、借地上の建物に担保権設定を認めた借り手にとっては、担保権を実行されてしまえば（あるいは担保権を実行される可能性が高いと見込まれる場合は）地代を支払い続ける意味がなく、担保権を実行されそうな状況になったら意図的に地代不払いとすることが考えられます。もっと悪質なケースでは、地主と借地人が結託して地代不払いを理由に借地契約を解除し、借地権を消滅させ、担保権者を排除したうえで借地権の対価を分け合うこともできないわけではありません。

担保権者がこの事態に対抗する唯一の手段は、借地上の建物に担保権設定を受けることについて「地主の承諾書」を受け入れることです。受け入れる

「地主の承諾書」のひな形は図表2のとおりですが、そのポイントは「借地人が地代の支払いを遅滞する等、賃借権の消滅もしくは変更をきたすおそれのある事態が生じた場合はただちに契約の解除をせず、相当の予告期間をもって担保権者に代払いの請求を行い、その期間内に担保権者からの支払いがないときに限り解除する」という趣旨の条項を盛り込むことにあります。

この「地主の承諾書」の効力については、従来、裁判所の判断が分かれており、効力を否定する下級審の判決もみられましたが、最高裁判決はその効力を認めました（最一小判平成22年9月9日金法1917号113頁）。最高裁は判決理由のなかで、担保権者が地主に対して契約解除の事前通知が法的義務であることを十分に説明し、地主がその意味を十分に理解したことの確認を要すると述べており、実務ではこうした説明義務を履行することと、その証拠として承諾書の写しを地主に交付して受領印を受け入れることが重要になります。

「地主の承諾書」の受入れができない場合でも建物への担保権設定自体は可能ですが、前述の理由から、その担保としての安定性・実効性はきわめて弱いといえます。金融機関が常時、地代支払が履行され、借地契約が維持されていることを長期間にわたって確認し続けることは事実上不可能です。承諾書の受入れができない場合や、承諾書の内容がひな形と重要な点で相違する場合は、建物の担保価値は相対的に低い評価とせざるをえないでしょう。

「地主の承諾書」のもつもう1つの意義は、抵当権の実行として建物と土地の賃借権を第三者に譲渡しなければならない事態が生じた場合に備えて、地主から賃借権譲渡の承諾をあらかじめ得ておくということです。前述のように、地主がこれを承諾しない場合は、地主の承諾にかわる許可をする手続が設けられており、建物取得者の権利が保護される途は用意されていますが、「地主の承諾書」によって建物の新所有者に対して借地権を認めることとしておけば、より円滑な譲渡が期待されることとなります。

図表2　借地上の建物を担保差入れする際の「地主の承諾書」ひな形

承　諾　書

平成　年　月　日

株式会社　○○銀行　御中

（地　主：甲）　住所

　　　　　　　　　氏名　　　　　　　　　　　　　　　実印

（賃借人：乙）　住所

　　　　　　　　　氏名　　　　　　　　　　　　　　　実印

1．甲および乙は、次のとおり土地の賃貸借契約を締結していることを確認いたします。
　・土地の所在・地番：
　・土 地 の 面 積：　　　　　　㎡
　・土 地 の 地 目：宅地、山林、その他（　　　）
　・地上の建物の表示：
　・賃貸借契約期間：平成　年　月　日から　平成　年　月　日まで
　・地　　　　　代：1か月あたり　　　　　　円
　・借 地 権 の 種 類：○○○○借地権（　旧借地法による　、新借地法による　）

2．甲は乙が1項の建物について貴行に対し（根）抵当権を設定することを承諾しました。

3．甲は、1項の土地の所有権が他に移転する場合には、あらかじめ貴行に通知します。ただし、やむをえない場合は、移転後速やかに通知します。

4．甲は、乙が地代の支払を遅滞する等、賃借権の消滅もしくは変更をきたすようなおそれのある場合は、ただちに契約の解除をせず、相当期間の予告をもって貴行に代払いの請求を行い、その期間内に貴行からの支払がないときに限り解除するものとします。

5．甲は、乙が将来1項の建物を滅失し再築した場合、もしくは既存建物を増改築した場合、その建物に対し貴行が（根）抵当権を設定することを承諾します。

6．甲は、将来、乙以外の第三者が1項の建物（5項表示の建物を含む）の所有権を取得したときは、乙に対するものと同一もしくは相当の条件で1項の土地を引続き賃貸し借地権が承継されることを認めます。

以上

本承諾書の内容を確認し、その写しを受領致しました。　㊞

7　担保契約締結時の現地実査

　金融機関が不動産を担保契約の対象とする場合、対象物の現地実査は必要不可欠とされています。更地であるはずの地上に建物が存在したり（この場合は建物について法定地上権が成立し、土地のみを担保契約の対象とすると、著しく担保価値が減少する可能性がある）、公道に接していない土地（この場合、土地所有者は囲繞地通行権を主張できるが、土地の価値は低く評価される）等の事情がないかどうかを確認するのが主たる目的です。

　ところで、建物所有を目的とする賃借権が設定されていても、それが登記されることはほとんどなく、借地権者が登記されている建物を所有するときは、これをもって第三者に対抗できることはすでに解説したとおりです。しかしながら、建物がなんらかの事情で滅失した場合、借地権が対抗力を失うこととなるのを防ぐため、借地借家法では借地人がその建物を特定するために必要な事項、滅失日および建物を再築する旨を土地の上のみやすい場所に掲示したときは、建物滅失後２年間、暫定的に借地権に対抗力を付与するものとされています（借地借家法10条２項）。したがって、この種の掲示がある土地は、たとえ更地状態であっても、建物滅失から２年以内に借地人によって建物が再築され、登記された場合は借地権を有する建物の底地となり、その担保価値は更地より大幅に低いものとなります。担保契約対象の土地の実査に際しては、この種の掲示がなされていることを見逃さないことが肝要です。

特殊な担保②

 保証付融資で金銭債権を担保とする際の留意事項は何ですか

A 金銭債権を対象とする譲渡担保契約の締結と、第三債務者および第三者に対する対抗要件を具備することが必要です。

------------------------------- 解 説 -------------------------------

1 金銭債権を担保とした保証付融資

　本項もＱ５と同様、すべての融資債権に当てはまる事項ですが、近時、売掛債権や棚卸資産を担保の対象とすることは、有形固定資産の担保力に乏しい中小事業者向け融資の保全手段として注目されており、信用保証協会の保証付融資にもこの種の担保を活用した仕組みがあることから取り上げます。

　売掛債権等の金銭債権（指名債権）は、不動産等の有形固定資産に乏しい中小事業者にとって有力な担保であり、金融機関にとっても、流動性に富み、換金性の高い担保と評価できる面があります。一方、企業が事業活動を継続している以上、必ず売掛債権等を保有していることから、保全不足の融資先に対する保全強化策、「最後の担保」という意味合いもあります。業種によって差異はありますが、以下の金銭債権が対象となります。

　　・売掛金債権　・割賦販売代金債権　・運送料債権　・診療報酬債権
　　・工事請負代金債権　等

2 債権譲渡担保の対抗要件

　このように活用次第では利便性の高い担保となる金銭債権ですが、担保としての実効性を確保するためにはいくつかの留意点があります。代表的な項目は以下のとおりです。

(1) 担保契約として融資先（金銭債権の所有者）と金融機関の間で債権譲渡担保契約を締結するとともに、当該金銭債権の支払義務者（第三債務者）に対する対抗要件として、当該支払義務者に対する譲渡通知または支払義務者の承諾を必要とします。さらに、債権譲渡が第三者に対する対抗要件を具備するためには、これらの通知または承諾が確定日付のある書面でなされる必要があります（民法467条、図表3参照）。不動産担保は金融機関と物件所有者との間で（根）抵当権設定契約を締結し、登記すれば手続が完了しますが、金銭債権を担保の対象とする場合は第三債務者の関与が必要になるわけです。

(2) 担保の対象となる金銭債権が譲渡禁止特約付きの場合は、第三債務者から譲渡禁止特約の解除承諾書の提出を受ける必要があります。また、第三債務者が融資先に対して反対債権を有している場合、金銭債権の支払請求に対して相殺で対抗される可能性があり（入居保証金や敷金の返還債務と未払家賃との相殺など）、こうした主張を封じるためには第三債務者による「異議を留めない承諾」を必要とします（民法468条）。

図表3　債権譲渡担保契約の仕組み

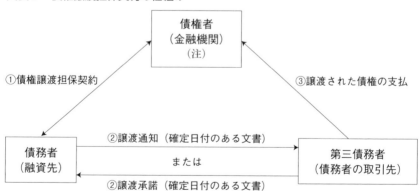

（注）　信用保証協会の保証付融資での条件担保の場合、「債権者」が譲渡を受ける金銭債権は金融機関と信用保証協会の準共有となります。

3 動産・債権譲渡登記制度

このように債権譲渡担保契約では「第三債務者への通知または承諾」が必要になりますが、日本の企業社会では売掛債権が金融機関へ担保として差し入れられた事実を第三債務者に知られることを嫌う風潮が強く、債権譲渡担保が普及しない原因となっています。この問題点を補うのが「動産・債権譲渡登記制度」であり、そのスキームは次のとおりです（図表4参照）。

① 債権者と債務者の間で債権譲渡契約を締結
② 債権者と債務者が共同で申請して債権譲渡内容を東京法務局に登記（第三者対抗要件）
③ 担保権行使が必要となった時点で債務者または債務者から委託を受けた債権者から第三債務者へ登記事項証明書を添付して債権譲渡通知（第三債務者対抗要件）

このスキームによれば、担保権行使を必要とする事態が生じるまでは債権譲渡の事実を第三債務者に知られることなく、第三者対抗要件を具備することが可能になります。ただし、第三債務者が当初から契約に関与しないこと

図表4 動産・債権譲渡登記制度の仕組み

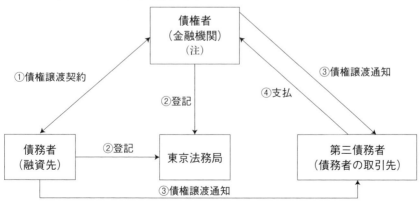

（注） 信用保証協会の保証付融資での条件担保の場合は、「債権者」が譲渡を受ける金銭債権は金融機関と信用保証協会の準共有となります。

から、対象債権に譲渡禁止特約が付されていた場合には第三債務者から譲受人の悪意・重過失を理由に拒絶されるおそれがあり、また、第三債務者からの相殺等の主張を封じることはできません。

4 信用保証協会の「流動資産担保融資保証制度」

信用保証協会では中小事業者の金融円滑化を図る目的で「売掛債権担保融資保証制度」を平成13年12月に創設しました。その後、平成19年8月から担保の対象に棚卸資産を加えて名称を「流動資産担保融資保証制度」に変更し、推進しています。金融機関でこの制度を利用する場合は、担保契約のスキーム等についての正確な知識をもち、融資実行後の担保管理を注意深く適法・適切に行うことが求められます。

不動産等の物的担保に乏しい中小事業者について、在庫等の動産や、将来発生予定の売掛債権等を集合動産・集合債権として担保の対象とし、借入れによる資金調達の途をつけるのが本制度の目的です。ここで「集合動産」とは、倉庫、ヤード等の一定の場所において搬入、搬出される商品、原材料等の動産を、その時々の状態において一個の物として譲渡担保の目的とするものであり、「集合債権」とは、多数の第三債務者（取引先）に対してすでに発生した債権および将来発生する債権をまとめて譲渡担保の目的とするものです。その詳しい内容は紙面の制約上省略しますが、主要な留意すべき事項は以下のとおりです。

① 動産の担保について前述した「動産・債権譲渡登記制度」によって第三者対抗要件を具備でき、かつ個別動産だけでなく集合動産も対象にできます。
② 権利が競合した場合は、登記受付日付によって優先劣後が決定されます。
③ ただし、債権譲渡担保の場合、先行の確定日付ある譲渡担保契約には対抗できず、動産譲渡担保の場合、後行の即時取得（善意取得、民法192条）を妨げることもできません。後段は、動産の譲渡担保権者には現実の引渡

しがなされずに「占有改定」の方法によって引渡しがなされていることが原因の1つです。実務上、登記事項概要証明書の提出を受け、先行する登記の有無、占有改定契約の存在の有無を確認することや、現地実査による現物確認が欠かせません。

④ 将来発生予定の金銭債権（指名債権）を集合債権として担保の対象とする場合は、登記に際して他の債権から識別することができる程度の特定を必要とします。具体的には、「債権の発生原因」「発生期間（始期と終期）」「第三債務者名」「金額（極度額）」等によって特定することが一般的です。

7　返済条件の変更申出

 保証付融資先から返済条件変更の申出を受けた場合、変更内容の妥当性をどのように検証すべきですか

A 法人の融資先についてはキャッシュフロー分析が最も効果的です。特に過去のキャッシュフローのどこに問題があり、それをどのように改善するのかが返済条件変更内容の妥当性と実現可能性を検証するうえで不可欠です。また、信用保証協会の保証付融資の対象である中小・零細企業の特質を勘案することを忘れてはなりません。

---------------------------|解　説|---------------------------

1　キャッシュフロー計算書の意義効用

　キャッシュフローとは、企業に入ってくる資金と企業から出ていく資金を総称したもので、企業の資金の流れそのものを意味します。事業活動においてはさまざまな局面でキャッシュフローが発生します。一定期間のキャッシュフローをまとめた結果が「キャッシュフロー計算書」に反映されます。

　企業の事業活動の結果を示す会計書類としては「貸借対照表」と「損益計算書」が最も有名ですが、これらの書類は「発生主義」を原則としており、現金の出入りとして実現していない段階のものが多く含まれ、企業活動が低迷すると、いわゆる「粉飾決算」が行われて架空の資産や売上げが計上されることがあります。これに対してキャッシュフロー計算書は現金主義を基本としているため、たとえ粉飾決算によって架空の利益が計上されていてもキャッシュフロー計算書にはそれらが反映されないことになり、企業活動の実態をより正確に反映したものとなります。

　借入金の返済可能性を検証するにあたっては融資先から入手した決算書類

図表5　キャッシュフロー計算書（間接法）の主な内容

名　称	内　容	算出方法
①営業活動によるキャッシュフロー	営業損益の計算対象となったキャッシュフローで、営業活動に係る債権・債務から生じるもの	税引後当期純利益＋減価償却費－売上債権増加額－棚卸資産増加額－その他流動資産増加額＋仕入債務増加額＋その他流動負債増加額
②投資活動によるキャッシュフロー	有形・無形固定資産の取得・売却、資金の貸付・回収、有価証券等の取得・売却から生じるキャッシュフロー	前期固定資産－（当期固定資産＋減価償却費）
③財務活動によるキャッシュフロー	借入れ・返済から生じるキャッシュフロー	短期借入金増加額＋長期借入金増加額＋増資額
①＋②＋③		現預金増減額

をもとに「キャッシュフロー計算書（間接法）」を作成して分析する方法が効果的です。キャッシュフロー計算書の主要項目は図表5のとおりです。

「キャッシュフローに裏付けられない借入金返済は実現不能」であることを前提に、返済条件の変更内容の妥当性を検証すべきです。つまり、いくら借り手が「条件変更を行えば借入金の返済が可能である」と主張しても、それが将来のキャッシュフロー計算書に確実に反映されうるものでなければ履行の永続性は期待できません。

2 問題点の把握

留意すべきは、借り手が返済条件変更の申出を余儀なくさせられたのは、過去のキャッシュフロー計算書をベースにすると約定どおりの返済ができなくなったからだということです。したがって、まずは過去のキャッシュフロー計算書のどこに問題点があったのかを解明する必要があります。

過去のキャッシュフロー計算書に内包された問題点を解明し、今後それら

の要因をどのように改善していくのか、そのなかで今回行おうとしている返済条件変更が実現可能なのかを検証することを怠った条件変更はいわば「砂上の楼閣」であり、早晩破綻をきたすことが予想されます。

多くの場合、「営業活動によるキャッシュフロー」に問題が発生しているはずです。具体的には、「売上げの減少」「利益率の低下」「不良債権の発生」等がキャッシュフロー減少の原因となります。また、過剰な設備投資や本業以外の財テクの失敗等を原因として「投資活動によるキャッシュフロー」が悪化することや、取引金融機関による取引先の選別を原因として借入金の返済を余儀なくされ「財務活動によるキャッシュフロー」が悪化することもあります。

3 中小・零細企業の特徴

さらに、信用保証協会の保証付融資の対象とされる中小・零細企業には、次のような特徴があることに留意すべきです。

(1) まず、株主は経営者一族のみで、資金調達の大半は金融機関からの借入れに依存しており、資金の投下も本業の運転資金や設備・不動産に対してであり、その内容にほとんど変化はありません。したがって、キャッシュフローの持続可能性を評価するうえで最も重要な点は「本業できちんとお金が回っているか」であり、それは数期間のキャッシュフロー計算書を羅列してみれば簡単に把握することが可能です。

(2) 次に、中小・零細企業の特徴の１つとして、「儲かっても利益はあまり増えず、損失が発生しても赤字にはならない」という現象がみられます。この原因は一種の粉飾決算にあるため、「貸借対照表」や「損益計算書」に過度に依存した評価は危険です。キャッシュフロー計算書のほうがより事業実態を反映しているといえ、両者の間に極端な差異が生じている場合は、粉飾決算がなされているとみてほぼ間違いありません。

(3) 最後に、中小・零細企業の収益力（ひいては借入金返済能力）は、企業と経営者一族をあわせて評価する必要があります。多くの中小企業は、法人

税・所得税の負担軽減に重きを置いて行動しており、役員報酬や経営者一族に対する地代・家賃の支払額を操作して企業の当期利益を導き出す傾向にあります。つまり、企業が儲かれば役員報酬を増額したり、交際費を使ったりして贅沢し、場合によっては退任する役員に多額の退職金を支払うこともあります。一方、業績が悪化すれば逆の行動をとり、それでも間に合わないときに粉飾決算を行うのです。したがって、返済条件変更の交渉に際しては、経営者一族の収益力もあわせて検討する必要があります。極端な例としては、企業の収益力が低下しているにもかかわらず役員報酬を高額に据え置いて、金融機関に対して返済負担の軽減を求めることもあります。こうした行為を許容してはいけません。

4 再度の条件緩和についての基本方針

中小企業金融円滑化法の適用が平成25年3月末で終了しましたが、同法のもとで資金繰りに窮した多くの中小・零細事業者に対する融資債権について、従前の約定に基づく返済方法を緩和する内容の条件変更契約が締結されてきました。それが中小・零細企業の事業の再建・再生に間接的な支援効果を果たした面は評価できますが、再建・再生が予定どおりに進まず、再び借入金の返済が滞って、金融機関に対して再度の条件変更を申し出る取引先も珍しくありません。

これらの融資債権には信用保証協会の保証を得ているものも多く含まれていますが、その場合、再度の条件変更に応じるためには、当然に信用保証協会の承諾を必要とします（初めての条件変更でも同じ）。加えて、事前協議を必要とする信用保証協会もありますが、その際に、返済条件変更内容の妥当性と実現可能性の検証を保証付融資については省略し、信用保証協会の判断に「丸投げ」するようなことがあってはなりません。

信用保証協会の保証を受けて融資する金融機関は、保証付融資、プロパー融資を問わず、融資債権の保全・管理について善良な管理者としての注意を払う義務があります（約定書例9条1項、Q29参照）。プロパー融資を対象と

する場合と同様、融資契約上の債権者の立場から主体的に判断し、自信をもって条件変更申出を応諾できる場合に限って信用保証協会との事前協議に臨むよう心がけてください。

8 弁済の延滞①

Q 保証付融資の約定返済が履行されずに延滞したら、どうすればいいのですか

A 例外はあるものの、約定どおりに融資が返済されない状況は、債務の履行可能性について「赤信号」が点灯したことを意味し、原因解明と同時に借り手に対して正常化を促す必要があります。信用保証協会の保証付融資についても、保証に甘んじることなくプロパー融資と同様、もしくはそれ以上の注意と対応を心がけなければなりません。

------解 説------

1 延滞発生の裏で借り手に生じている事態

　「借りたものは返す」は最低限の社会常識であり、延滞発生は借り手について赤信号が点滅した状態といえます。特に事業を営む者（法人だけではなく、個人事業者を含む）は商取引上の信用を何よりも重んじるはずで、借りたものが返せない状態はその信用を大きく傷つけることとなります。銀行取引約定書でも、延滞は「期限の利益喪失事由」の1つと定められており、銀行からの融資について期限の利益を喪失する事態は経営破綻とみなされるほど借り手にとって重大な意味をもっています。

　このようにきわめて重大な意味をもつ延滞発生の裏では、借り手において数々の異常事態が発生しているはずであり、金融機関との取引にもなんらかの兆候が表れるのが通常です。その代表例は図表6に示したとおりです。

　「延滞発生」は借り手の信用悪化がかなり進行した段階で生じる現象であり、「延滞の恒常化」は経営破綻が近い状況と解釈されます。信用悪化の「初期段階」で金融機関との取引面で発生する現象を漫然と見過ごすことな

図表6　借り手の信用状態の悪化とその表面化

信用悪化の段階	債務者に発生する現象	金融機関取引に発生する現象
初期段階	① 売上げや利益率の低下 ② 決算書に表れた一時的な損失計上 ③ 債務者や代表者所有不動産への担保権設定登記 ④ 不審人物の出入り ⑤ 同業界での悪い噂の出回り	① 要求払預金残高の減少 ② 手形割引頻度の増加 ③ 手形割引銘柄の変化 ④ 割引手形の依頼返却発生 ⑤ 取引金融機関の変化
進行段階	① 恒常的な営業損失発生 ② 粉飾決算・融通手形発生 ③ **返済条件変更申出** ④ 債務者預金等に対する差押え・仮差押え発生	① 当座勘定の入金待ち発生が恒常化 ② 支払手形の依頼返却発生 ③ 突発的な追加融資申出 ④ 債務者や保証人の定期預金の満期日前解約 ⑤ **延滞発生**
末期段階	① 債務者代理人弁護士からの受任通知 ② 手形交換所による銀行取引停止処分 ③ 破産手続開始、民事再生手続開始、会社更生手続開始等の申立て	**延滞の恒常化**

（出典）『債権回収の初動』（島田法律事務所編、金融財政事情研究会刊）38頁

く、その原因を究明することが、次に訪れる延滞発生時の対応をより効果的なものとするのです。

　また、返済の督促や正常化交渉を行う際には、「借り手に何が起こっているのか」を正確に把握することから始める必要があります。それらをいっさい省略して、たんに「延滞を解消してください」と依頼するだけでは、一時的に延滞解消が実現しても永続せず、かえってその後の債権管理に手間を要し、トータルな債権回収の面で効果を期待できないばかりか、時宜を得た効

果的な対応が困難となります。

　以上のことは信用保証協会の保証付融資についても当てはまります。信用保証協会の保証を受けて融資する金融機関は、保証付融資、プロパー融資を問わず、融資債権の保全・管理について善良な管理者としての注意を払うことが求められているからです（約定書例9条1項、Q29参照）。

2　営業現場での対応

　「延滞の発生」が債務者の信用悪化の「進行段階」にあることはすでに述べたとおりですが、図表6に示した「金融機関取引に発生する現象」のうち、筆者が営業現場で経験した特徴的な事象を2つ紹介します。

　まず「当座勘定の入金待ち発生が恒常化」については、ある時期から入金待ち解消時限を交換日翌日の店頭返還時限（午前11時）にまで延長するよう要求されることがあります。この場合、支払金融機関は交換日に手形金を立て替えて決済しておき、その後、振出人から入金がなければ、翌日午前11時までに直接、持出金融機関に不渡返還を申し出て、手形と引き換えに手形金の返還を受けることになります。不渡手形の処理に限ればその方法も可能ではありますが、それに応じる支払金融機関の負担とリスク（持出金融機関へ出向く際の交通手段による遅滞等）が大きく、基本的には採択すべきではありません。なんらかの理由でそれを許容した場合は、あくまで例外扱いとし、次回以降は金融機関の手形交換当日の営業時間内（通常は午後3時）が入金待ち解消時限であることを通告し、運用すべきです。また、入金待ちが恒常化すると、借り手はある時から手形の不渡事由として「偽造」や「変造」を主張し、加えて支払金融機関から手形交換所に対して「異議申立提供金免除特例の申請」を行うことを求め、手形決済資金負担なしに数日間の時間稼ぎを意図する行動に出ることがあります。このような状況では、借り手は手形交換所規則に通暁しているため、金融機関担当者もそれに負けないだけの知識を身に付け、適法・適切に対応しなければなりません。

　次に「債務者や保証人の定期預金の満期日前解約」については、この事態

が発生すると債務者の破綻は秒読み段階に入った可能性があります。中小・零細企業取引では、法人との取引のみならず法人代表者（そのほとんどは与信取引の連帯保証人に就任している）やその家族、従業員等との取引内容が当該法人の評価基準の1つとされており、とりわけ法人代表者との定期預金取引を金融機関は歓迎します。したがって、法人代表者は金融機関が歓迎しないことを百も承知のうえで定期預金の満期日前解約を要求しているはずであり、多くの場合、その原因を、「外交員の訪問頻度が低くなった」とか、「融資担当者の態度が横柄だ」等の、客観的な判断が困難で、かつ金融機関側の最も弱い立場にある者に帰そうとします。金融機関としては、この種の申出に対して積極的に対抗できる手段はなく（法人の融資債権の弁済が延滞していれば、それを理由に期限の利益を喪失させ、定期預金を相殺充当することは可能）、不愉快な思いをさせたことを謝罪し、取引復活を依頼する程度です。私の経験では、このような事象の後、まもなく法人が法的整理に至るケースが多いといえます。

9 弁済の延滞②

Q 保証付融資の延滞正常化交渉における留意点は何ですか

A 延滞の原因究明、実現が確実視される返済条件変更、保全強化の組合せが必要です。また、信用保証協会はもとより、その他の契約上の利害関係人の承諾を得ることを忘れてはなりません。

----解 説----

1 延滞の原因究明

　金融機関としては融資債権を延滞させたまま放置することは許されないことで、時間を置かずに借り手との間で正常化交渉を行う必要があります。特に借り手が複数の金融機関と融資取引をしている場合、借り手が用意できる「正常化のために充当可能な資金」は限られており、交渉が先行する金融機関から順次正常化されるのが通常です。延滞を放置したまま効果的な正常化交渉を行わない金融機関は後回しにされますので、結果としてそのような立場に置かれることは避けなければなりません。これは信用保証協会の保証付融資債権であっても同じことです。信用保証協会の保証を受けて融資する金融機関は、保証付融資、プロパー融資を問わず、融資債権の保全・管理について善良な管理者としての注意を払うことが求められています（約定書例9条1項、Q29参照）。

　正常化交渉の第一歩は、「延滞の原因究明」です。延滞が発生したということは、それなりの異常事態が借り手に生じているはずであり、その原因を究明せずに延滞解消を依頼することは「やらないよりはマシ」程度の意味しかありません（Q8参照）。

　債務者のよくある説明に「うっかり返済金の入金を忘れた」があります。

時にはこれが事実のこともありますが、多くの場合、延滞発生の原因となった異常事態の説明を避けるための言い訳にすぎません。

そもそも、融資先との取引で約定日に返済用口座に返済資金のみが入金されるだけという状況が異常です。金融機関の営業担当者は、特に新規融資先との取引の場合、ともすれば「融資が実現したらそれで完了」という感覚になりがちですが、それは大きな誤りです。

融資先との間では、商取引で発生する売上金の回収や支払手段として自行・庫の預金口座を利用してもらうのが正常な取引といえるのです。金融機関にとって「融資の実現」は「取引の開始」にすぎず、日常のコンタクトを密にして預金取引を含め「ぶ厚い取引」を実現する必要があります。

そうすることによって、借り手の信用悪化時に取引面に現れる「要求払預金残高の減少」や「入金待ち」「依頼返却」等の予兆を把握することが可能となり（図表6参照）、効果的な対策をより早く打てることとなります。融資の返済資金が約定日に入金されるだけの預金取引では、それらの現象を把握することが不可能であり、必然的に競合する取引金融機関に正常化交渉で後れをとる結果となります。

2 債権の正常化交渉

延滞の原因究明が実現すれば、次に行うべきことは「債権の正常化交渉」です。「返済金のうっかり入金忘れ」はきわめてまれですが、それが事実の場合は、返済約定内容を変更する必要はないものの、再発防止策として前述の「ぶ厚い預金取引」の実現を交渉する必要があります。

しかしながら、延滞発生の多くは、売上げや利益率の低下、不良債権発生、在庫負担増加等によるものです。そうした真の発生原因が解明されれば、次に行うべきは返済約定内容の変更による延滞解消です。

返済約定内容の変更は多くの場合、「分割弁済元本額の少額化」「最終弁済期日の延長」「適用利率の軽減」等の組合せとなります。これらはいずれも融資債権の質の劣化につながるものなので、最低限「確実な履行」が実現で

きる内容でなければなりません。

　「確実な履行」が最も期待できるのは借り手からの申出条件をそのまま採択することですが、それが「言いなり条件の応諾」であってはなりません。債務者からの申出条件を採択するにあたっては、その実現可能性を裏付ける資料として「将来の資金繰り予定表」を作成してもらうことが最低限必要です。加えて、その内容の妥当性について、先に解明された延滞発生原因とあわせて十分に検討する必要があります。

　返済約定内容の変更にあたって、債権者にとって最も厳しい内容は「元本の約定返済を停止して金利支払のみとすること」であり、これを許容するのは異常事態と認識してください。そして、この条件を適用する期間は極力短期間とするべきです。たとえば、「担保不動産の任意売却実現」や「大口の売掛債権回収実現まで」とする等の具体的な適用期限の設定が望まれます。さらに、これらの場合も債務者の申告をそのまま受け入れるのではなく、「担保不動産の任意売却実現期限の約束」（文書による確約書の差入れが望ましい）や、「大口の売掛債権の債権譲渡契約や代理受領契約の締結」を応諾条件とするのが効果的です。逆に、最も望ましくないのは異常事態の具体的な解消時期や解消策が明らかにされないままで、適当な適用期限を設定し、期限到来のつど同じことを繰り返すやり方です。

3 信用保証協会との事前協議・承諾

　返済約定内容を変更する場合には、当該融資の連帯保証人や、根担保・根保証の保証人・物上保証人等の事前承諾を得る必要があります。ことに信用保証協会や保証会社の保証を得ている場合は、書面による承諾（変更保証書等）を取得する必要があります。

　自然人による連帯保証や物上保証（第三者による担保提供）の場合も基本的には同じで、返済約定内容変更の契約書に保証人としての連署・捺印を求める必要があります。

　まれにやむをえない事情によって保証人等の署名を受けられない場合、返

済約定の変更内容が保証人にとって不利益をもたらすものでなければ（適用利率の低減等）、法的には保証人等の承諾は必ずしも必要ありません。しかしながら、現実に発生する返済条件変更の内容は、約定返済額の軽減や最終弁済期日の延長等の、いわゆる「リスケジュール」に属するものが大半で、保証人に無断でこのようなリスケに応じると、保証人から免責の抗弁が提出される可能性が高いといえます。したがって、信用保証協会保証付融資債権についてこのような事態が発生した場合は、債務者・連帯保証人等との交渉に加え、信用保証協会との事前協議が欠かせません。

　ちなみに、自然人が連帯保証人の場合、連帯保証人は高齢に伴う意思判断能力の低下で、事実上の制限行為能力者となっていることが珍しくなく、あわせて身体的衰えにより契約書への自署すら不可能なこともあります。そのような場合には、あらためて連帯保証人について成年後見制度の利用を求め、法的に瑕疵のない状態で変更契約を締結するか、それが受け入れられない場合は、新たな保証人との保証契約締結の選択をせざるをえないでしょう。連帯保証人への保証債務履行請求をあきらめて契約不参加を選択した場合の次善の策として、連帯保証人の推定相続人から、返済条件変更契約内容の確認と、将来保証債務履行請求を受けた際に、契約不参加を理由に異議を述べないという趣旨の確認書を受け入れておくことが、場合によっては役立つことも考えられます。

❹　事故報告書提出・期限の利益喪失手続

　また、金融機関においては、督促の内容がたんに延滞解消を促すのみで、それ以上に踏み込んだ対応をとらず、借り手に対する対応方針やスケジュールすら決定しない状況が見受けられますが、信用保証協会の保証付融資債権については、このような対応をとるべきではありません。

　信用保証協会による代位弁済の範囲は融資の元本と「期限の利益喪失後の延滞利息120日分」とされているほか、期限の利益喪失前の未収利息についても日数制限を設けている信用保証協会があります。その場合、延滞回数4

図表7　信用保証協会の保証付融資が延滞に陥ったときの対応

延滞回数	対応内容
第1回延滞	延滞原因の究明、資金繰り調査、債務者への対応方針検討
第2回延滞	信用保証協会へ事故報告書提出、債務者への対応方針確定
第3回延滞	信用保証協会との間で期限の利益喪失について事前協議 期限の利益喪失手続のうえ代位弁済請求、または返済条件変更契約締結

回（4カ月）以降に期限の利益喪失手続をとると、代位弁済を受けられない未収利息が発生する場合があります。

　図表7は「第2回延滞で事故報告書提出」と、「期限の利益喪失前の未収利息の代位弁済は120日分が限度」としている信用保証協会から保証を受けている場合の対応内容を示したものです。自行・庫の利用している信用保証協会の保証条件を確認のうえ、それに適した運用としてください。

10 事故報告書

 保証付融資について事故報告書を提出するのはどのような事態が生じたときですか

 金融機関において保証付債権の回収が困難となる事態を予見・認識した場合、信用保証協会への事故報告書の提出を必要とします。

----[解 説]----

1 事故報告書を提出すべき事態

　金融機関は信用保証協会に対して、保証付融資の実行時から債権の保全に必要な注意を払う義務を負っています。具体的には約定書例9条に「乙（金融機関）は、常に被保証債権の保全に必要な注意をなし、債務履行を困難とする事実を予見し、又は認知したときは、遅滞なく甲に通知し、且つ適当な措置を講じるものとする」と規定されています。ここに規定された「通知」義務の具体的内容として、金融機関は信用保証協会に対し「事故報告書」を提出する必要があります。そして、延滞または事故報告書提出事由が発生した場合、金融機関はプロパー債権と区別することなく保証付債権の回収を図る義務を負います（約定書例9条3項、Q29参照）。

　事故報告書を提出するのは、保証付債権が回収困難となる事態を金融機関が予見・認識した場合です。具体的には、図表8のような事態が生じた場合に「事故報告書」の提出が求められます。

2 事故報告書の提出時期

　事故報告書の提出期限は、金融機関がその事実を認識した日から10日以内とされていますが（「約定書例の解説と解釈指針」金法1818号33頁）、この提出

図表8　事故報告書の提出が求められる場合

No.	事故報告書を提出すべき事態
①	支払の停止または破産手続開始、民事再生手続開始、会社更生手続開始もしくは特別清算開始の申立てがあったとき。
②	手形交換所または電子債権記録機関において取引停止処分を受けたとき。
③	債務者または保証人の預金その他の当該金融機関に対する債権について仮差押えまたは差押えの命令、通知が到達したとき。
④	住所変更の届出を怠るなど債務者の責に帰すべき事由によって、当該金融機関において債務者の所在が不明になったとき。
⑤	担保の目的物について、差押えまたは競売手続の開始があったとき。
⑥	手形交換所で第1回目の不渡り、または電子債権記録機関で支払不能が発生したとき。
⑦	約定弁済期日に債務（利息を含む）の一部でも履行しなかったとき。ただし、分割履行の場合は、3回もしくは3カ月以上の履行遅滞が生じたとき。
⑧	罹災、休業、廃業、取引先の倒産等によって、債務の履行が困難と予想されるとき。
⑨	保証条件担保の価値が火災等により減少し、担保の差替え、追加ができない場合。
⑩	割引手形（電子記録債権）の買戻し、または担保手形（電子記録債権）の差替えができないとき。
⑪	その他、病気、死亡、刑事上の訴追等によって債務の履行が困難と予想されるとき。

(注)　1．保証人が会社の代表者である場合であって、当該保証人に上記の事由が生じたことにより、債務の履行が困難と予想されるときも同様に事故報告書の提出が必要となる。
　　　2．事由⑦については、2回または2カ月を基準とする信用保証協会もある。
(出典)　「信用保証協会の保証」4-1-17

期限は各地の信用保証協会によって異なる場合があります。また、事故報告書の提出が必要となった融資先の状況は、その後、短期間のうちに激変することが多く、そのつど信用保証協会と協議すべき事態が予想されるため、事故報告書は極力すみやかに提出するのが望ましいといえます。

期限の利益の喪失①

Q 「期限の利益の喪失」とは何ですか

A 融資について返済時期が到来するまで、借り手は返済しなくてよいとする取扱いが「期限の利益」であり、なんらかの事由の発生をきっかけにその取扱いをやめて融資全額の返済を求めることが「期限の利益の喪失」です。期限の利益の喪失には、「当然喪失」と「請求喪失」の2種類があります。

----解 説----

1 「期限の利益の喪失」とは

　借り手との間で融資契約を締結した場合、必ず返済条件を定めます。融資期間が比較的短期間の手形貸付では期日一括返済とすることが多く、融資期間が長期間の証書貸付では毎月（隔月や3カ月ごとの場合あり）一定金額の分割返済とするのが一般的です。

　しかしながら、債務者の破綻や長期間の延滞等の事態が発生した場合は、返済期限が未到来の部分も含めて直ちに融資残高全額の返済を求める必要があり、そのために返済期限が未到来の部分についても返済期限が到来した状態にする手続が「期限の利益喪失手続」です。

　債権回収のため、借り手や保証人の預金と融資債権や保証債権を相殺したり、担保権を行使して担保不動産の競売手続を申し立てる場合、あるいは担保権設定を受けていない資産に対して差押えのうえ強制執行手続をとる場合には、いずれも融資債権について期限の利益を喪失した状態とする必要があり、信用保証協会へ代位弁済を請求する場合も同じです（差押え・強制執行の場合は貸金債権請求訴訟の確定勝訴判決等の債務名義を必要とする）。

一方、仮差押えを行うには、必ずしも貸金債権について期限の利益喪失手続をとることは要件とされず、強制執行することができなくなるおそれがあるとき、または強制執行をすることに著しい困難を生ずるおそれがあるときに発することができるとされています（民事保全法20条）。ただし、期限の利益喪失等の明白な事情なく仮差押えを実行する際には、その緊急必要性と、権利の濫用とのバランスを比較検討のうえ実施する必要があります。

2 「当然喪失」と「請求喪失」

　期限の利益の喪失には「当然喪失」と「請求喪失」の2種類があり、それぞれがどのような事態となった場合に適用されるのかについては、銀行取引約定書や金銭消費貸借契約証書におおむね図表9のように記されています。なお、現在は銀行取引約定書ひな形が廃止され、金融機関がそれぞれ独自の内容の約定書を使用しているため、記載はここに記したものと必ずしも一致しません。

図表9　期限の利益喪失事由

（当然喪失）
① 破産、民事再生手続開始、会社更生手続開始もしくは特別清算開始の申立があったとき。
② 手形交換所の取引停止処分を受けたとき。
③ 所在を不明とするなど自己の債務の弁済ができない旨を明示または黙示に表示し支払を停止したとき。
④ 債務者またはその保証人の預金その他の金融機関に対する債権について仮差押、保全差押または差押の命令、通知が発送されたとき。

（請求喪失）
① 金融機関に対する債務の一部でも履行を遅滞したとき。
② 担保の目的物について差押または競売手続の開始があったとき。
③ 金融機関との取引約定に違反したとき。
④ 保証人が「当然喪失」または「請求喪失」の一つにでも該当したとき。
⑤ 前各号のほか金融機関の債権保全を必要とする相当の事由が生じたとき。

「当然喪失」は債務者が破綻したことが明らかな場合であり、そのような事態となった日が「期限の利益の喪失日」となります。ただし、喪失事由のうち「④債務者またはその保証人の預金その他の金融機関に対する債権について仮差押、保全差押または差押の命令、通知が発送されたとき」について、特に保証人の預金に対する差押えがなされた場合、その理由や金額、主債務者の信用状況等を総合的に判断し、あえて期限の利益を喪失させず、金融機関が求める担保の提供等の措置により期限の利益付与を維持することがあります。一方、「請求喪失」は「当然喪失」よりはやや軽い事態ですが、金融機関が債権保全上、期限の利益を喪失させるべきと判断した場合に適用されます。

3 期限の利益の喪失時期と通知の関係

「当然喪失」では、当該事由が発生すれば期限の利益が当然に喪失することになるため、債務者への通知を要件としませんが、「請求喪失」では債務者に対して「喪失事由」と「喪失時期」を通知する必要があります。この通知は債務者に送達されることによって効力を生じることから、喪失時期はどんなに早くても通知が送達された時となります。

「当然喪失」した期限の利益について、前述のように例外的に期限の利益の付与を継続する場合には、その旨を表示した「確認書」を債務者との間で交わしておくことが望ましい手続といえます。すなわち、「当然喪失」の場合、当該事由が発生した日から自動的に消滅時効が進行することとなり、その後の分割弁済を主債務者からではなく保証人から保証債務履行として受け続けた場合、主債務者から消滅時効を援用されて主債務者について時効が完成するリスク(その場合は保証人に対しても弁済請求できなくなる)を回避することができます。

期限の利益の喪失②

 信用保証協会の保証付債権における期限の利益喪失手続の特徴は何ですか

A 期限の利益喪失事由は、各金融機関が借り手と締結した約定書の内容によりますが、一部の信用保証協会の保証付融資では当然喪失・請求喪失ともに債務者への通知を要件としています。

---- 解 説 ----

1 信用保証協会保証付融資の場合は通知・催告が必要

　期限の利益喪失手続として、喪失事由が「当然喪失」に該当する場合は債務者への通知は必要ではなく、「請求喪失」に該当する場合は「喪失事由と喪失時期」を債務者に通知することが必要とされます。

　しかしながら、一部の信用保証協会は当然喪失・請求喪失の別にかかわらず、金融機関が期限の利益を喪失させるために借り手や保証人に対し配達証明付内容証明郵便によって通知・催告することを義務づけています（当然喪失の場合は通知不要とする信用保証協会もある）。これは、履行遅滞者に対する催告は債権の管理回収上の手段であり、それをきちんと実行することは信用保証協会と金融機関の間で締結した約定書例9条1項に定める金融機関の債権保全取立て義務の内容になっているという理解によります。

　また、請求喪失により期限の利益を喪失させる場合には、原則として金融機関の独断ではなく、事故報告書を提出して信用保証協会と事前協議を経ることを求めています。例外的に金融機関独自の判断で期限の利益を請求喪失させたときも（Q13参照）、直ちに事故報告書を提出することが求められます（約定書例9条2項）。

2 公示送達と「みなし送達」

　請求喪失による場合、喪失通知文書が債務者に送達されることが期限の利益喪失の要件となりますが（民法97条1項）、債務者が行方不明のために送達されない事態がしばしば発生します。その場合は公示送達の方法によることとなりますが（民法98条）、銀行取引約定書や金銭消費貸借契約書には「債務者が住所その他の届出事項に変更があったにもかかわらず、金融機関に対する変更の届出を怠り、そのために通知等が不到達になった場合は、通常到達すべき時に到達したものとする」とのいわゆる「みなし送達」規定があるため、金融機関は通常これを活用して、公示送達の手段をとりません。信用保証協会も基本的には同じ立場をとるようです。

　なお、一部の信用保証協会発行による「請求喪失通知文書」の「様式・ひな形」のなかには上記の趣旨と多少内容を異にするものがみられます。そのような場合は事前に信用保証協会と十分に協議のうえ、個々の事案に最もふさわしいと判断される通知内容とすべきでしょう。

（参考：「信用保証協会の保証」5-1-3、5-1-4、5-1-5）

期限の利益の喪失③

Q 期限の利益の「請求喪失」を行う際の留意事項は何ですか

A 喪失事由と喪失時期を借り手に伝えることが期限の利益の請求喪失の要件であり、直ちに喪失させる場合と、喪失事由解消のために一定期間の猶予を与える場合があります。

--- 解 説 ---

1 期限の利益の「請求喪失」

　期限の利益の請求喪失は、債務者の法的破綻等を原因とする「当然喪失」に比べると事態はやや軽いものの、債権保全上、期限の利益を喪失させる必要がある場合に適用されます。したがって、「請求喪失」を行う場合は、借り手に対し「期限の利益を喪失する事由」と「喪失時期」を通知することが必要です。

　また、「保証人が「当然喪失」または「請求喪失」の1つにでも該当したとき」（Q11の図表9参照）の条項を適用する場合は、保証人に生じた事態をもって主債務者の期限の利益を喪失させる必要性を慎重に判断すべきであり、機械的に適用すべきではありません。主債務について信用保証協会の保証を得ている場合はなおのこと、その判断について信用保証協会と事前協議する必要があります。

2 「請求喪失」の手続

　実務上、請求喪失手続としてとられている方法には次の2種類があります。

(1)　「期限の利益喪失事由」と「喪失時期」を借り手に通知し、その通知

が送達された時点で期限の利益喪失の効果を発生させる方法です。この場合、「喪失時期」の表示は「本書送達の時をもって」となります。

　(2)　期限の利益の喪失事由が解消される可能性ある場合（分割約定弁済の遅延等がこれに該当する）、一定期間の猶予を与え、その間に喪失事由が解消されれば引き続き期限の利益を付与し、解消されない場合は一定期限の経過をもってすべての債務につき期限の利益を喪失させる方法です。

3　保証付融資の「請求喪失」

　「請求喪失」による場合、具体的に2(1)(2)どちらの方法を選択すべきかについては債権者である金融機関が決定するのが原則ですが、特に信用保証協会の保証付融資の場合、信用保証協会は可能な限り借り手に一定期間の猶予を与え、その間に喪失事由が解消されれば引き続き期限の利益を付与する方式（2(2)の方法）によるのが望ましいという姿勢のようです。信用保証協会が請求喪失に際して金融機関に事前協議を求めていることは、そうした姿勢に通ずるところがあります。

　しかしながら、金融機関としては一定期間の猶予を与えて喪失事由の解消を待つことなく、直ちに期限の利益を喪失させなければならない事態が発生することがあり、その場合は(1)の手続によらなければなりません。実務上生じる可能性がある事態としては、以下のようなものがあります。

① 　借り手が手形交換所で第１回目の不渡りにより不渡報告に掲載されたものの、まだ請求喪失手続がとられていない状況下、借り手が振り出した小切手が交換呈示され、それを決済するに足りる当座勘定残高が存在する場合……融資債権の延滞額が当座預金残高に満たなければ、当座預金と融資債権を相殺するために、直ちに弁済期未到来の部分についても期限の利益を喪失させ、相殺適状とする必要があります。

② 　①と同じ状況下、借り手や保証人から担保等で拘束していない定期預金の解約払戻請求を受けた場合……当該定期預金と融資債権を相殺するためには、直ちに請求喪失手続をとって対抗せざるをえません。特に信用保証

協会の保証付融資では、延滞または信用保証協会に対する事故報告書の提出が必要となる事由が発生した場合（Q10参照）、借り手または保証条件とされた保証人の固定制預金の払戻しを停止することが求められています。払戻しが認められるのは営業上の支払、その他事業継続のために必要な場合に限定され、かつ信用保証協会との事前協議を必要とすることになっています（「約定書例の解説と解釈指針」金法1818号46頁）。

③　借り手の代理人弁護士から借り手の債務整理の受任通知書の送達を受けたものの、その内容が明らかに「支払の停止」（当然喪失事由）に該当するとは解釈できず、請求喪失に該当するものと解釈せざるをえない場合……ここで「支払の停止」とは、支払不能であることを明示的または黙示的に外部に表明する債務者の主観的な態度を指します。一般的かつ継続的な弁済の停止をいうと解され、特定の債権や一部の債権者に対して弁済を拒絶しているだけでは支払停止に当たりません。

　いずれの場合も、早急に**2**(1)の内容の期限の利益喪失通知書面を作成し、借り手（または受任弁護士）を訪問して口頭で期限の利益が失われたことを告げるとともに、書面を渡す方法によることとなります。期限の利益の請求喪失にあたって、信用保証協会との事前協議や借り手に一定の猶予を与えることが時間的にむずかしい場合は、請求喪失を行う場合と、それを見送って債務者や保証人の預金と保証付融資債権との相殺機会を放棄する場合の利害得失等を、債権者の立場から冷静に判断するべきです。少なくともプロパー融資の場合であればどうするかという基準で判断すれば、保証付融資についてもプロパー融資と同レベルの債権管理・回収義務を信用保証協会に対して負っていることからして、妥当な結論が導き出されるはずです。

相続放棄

Q 保証付融資の借り手が死亡し、第1順位相続人が相続放棄した場合はどうすべきですか

A 第1順位相続人が相続を放棄すると、債権者としては、第2・第3順位相続人に対して請求することになります。その結果、すべての相続人が相続を放棄して相続人不存在の状態となるケースも多くあります。保証付融資債権については、これらの手続を金融機関が行う場合と、代位弁済によって求償権を取得した信用保証協会が行う場合がありますが、金融機関自身が行う場合は、迅速に行うよう工夫が必要です。

----------解 説----------

1 相続放棄と代位弁済請求

　保証付融資の借り手である個人事業者が死亡し、事業承継者がいなくて債務超過状態の場合、その配偶者や第1順位相続人である子全員が、家庭裁判所に対し相続放棄の申立てを行い、それが受理されることがあります。

　そのような状況で信用保証協会に対して代位弁済を請求した場合、信用保証協会側の運用としては、すべての相続人が相続放棄手続を行い、相続人不存在状態となるまでは代位弁済に応じないとする運用が一般的なようです。いずれにしても相続人調査は必要となりますが、第3順位まで必須とするかどうかは協会により異なります。

　配偶者と第1順位相続人全員が相続放棄を行うと、相続に係る権利・義務は第2順位相続人（被相続人の直系尊属）に移り、さらに第2順位相続人全員が相続放棄手続を行うと第3順位相続人（被相続人の兄弟姉妹）に移ります。そして、第3順位相続人全員が相続放棄手続をとれば「相続人不存在」

となり、その後は家庭裁判所で選任された相続財産管理人を相手方として債権回収手続等をとることとなります。なお、原融資契約について借り手の相続人が連帯保証人となっている場合は、当該相続人が相続放棄手続をとって主債務の承継を免れたとしても、連帯保証債務を免れることはできません。

2 相続人の調査・弁済督促

　各相続人が相続放棄手続をとるべき期限は、自己が相続人となったことを知ってから3カ月以内とされているため（民法915条1項）、相続人不存在状態となるのは相続開始から1年近くかかることも珍しくありません。

　信用保証協会に対して代位弁済を請求できる期間は最終履行期限（期限の利益を喪失した場合は喪失日）から2年以内とされています（Q33参照）。しかし、代位弁済の対象となる利息・損害金の範囲は最大でも最終履行期限から120日分とされており、金融機関による督促等により、すべての相続人が相続放棄した後に信用保証協会から代位弁済を受ける場合、第3順位相続人による相続放棄手続が完了するまで手をこまねいていると、まったく利息が生じない融資債権が長期間にわたって存在することとなります。

　このような事態を回避するため、金融機関としては、配偶者や第1順位相続人が相続放棄手続をとる予定である旨の情報を入手したら、極力、配偶者等に第2・第3順位相続人に対して「先順位相続人である自分たちは相続放棄し、相続人としての権利・義務が後順位相続人に移る」旨の連絡をとるようお願いして、債務承継または相続放棄の選択を促すことになりますが（ただし、後順位相続人が原融資契約の連帯保証人である場合はまだしも、たんに法定相続人の立場にある場合は債務承継を選択してもらえることはほとんど期待できない）、現実には配偶者等は総じて非協力的です。

　そのような場合には金融機関自身で被相続人の第3順位相続人までの全員を特定できる戸籍情報と、全員の住所を把握するために戸籍附票を入手します。そして、先順位相続人による相続放棄の事実が確認できたら（家庭裁判所発行の「相続放棄申述受理証明書」の入手による）、直ちに次順位相続人に対

して文書による弁済督促を行い、結果として相続放棄手続が早期に完了するよう努める必要があります。また、本件文書通知により、後順位相続人が「自己が相続人となり、かつ債務を相続したことを知った」ことの証拠となることから、前述した民法915条1項の熟慮期間の起算点をめぐって紛争となることを避ける効果も期待されます。

3 外国国籍の債務者死亡の場合

　法定相続人中に行方不明者が存在し、相続方法の選択を促す等の手続が事実上困難なケースについては、債権者の立場でどこまでの手続を踏むべきかについて信用保証協会との間で協議する必要があります。とりわけ、日本国籍をもたない債務者について相続が開始した場合、法定相続人の特定や相続法制の違いについての問題が生じます。すなわち、あらかじめ設定を受けた担保権の行使や連絡可能な保証人に対する請求は別として、外国にいる相続人に対して弁済督促や相続承認・放棄の点を確認することは容易ではありませんし、適用される相続法制が日本と異なる場合があります（日本のように大陸法の国は「承継主義」だが、英米法の国は「清算主義」の立場をとり、その中間の国もある）。そのような事態に直面したら、信用保証協会と協議のうえ、具体的にどこまでの手続をとるのかについて決定すべきです。

15 預金との相殺①

Q 保証付融資とプロパー融資が併存する場合、借り手や保証人の預金との相殺はどのような優先順位で行うべきですか

A 借り手や保証人の預金との相殺が可能な場合、基本的にはプロパー債権を優先して弁済に充当することになりますが、さまざまなケースが予想されるため、信用保証協会と協議のうえ実施するべきです。

---- 解 説 ----

1 預金相殺による弁済充当の順位

　同じ借り手について信用保証協会の保証付融資債権とプロパー融資債権、もしくは他の保証会社の保証付融資債権が併存する場合、同じ借り手に対する信用保証協会の保証付融資とプロパー融資が同じ金融機関の異なる店舗で行われている場合、さらには信用保証協会の保証付融資の借り手が同じ金融機関のほかの借り手の保証債務を負っている場合など、やや複雑な権利・義務関係が存在する場合、当該借り手やその保証人の預金とこれら融資債権との相殺をどのような優先順位で行うかが問題になります。

　従来は信用保証協会との個別協議によるという運用がなされてきましたが、全国信用保証協会連合会は平成19年8月「約定書例の解説と解釈指針」でこの問題についての指針を明示しました。以下の解説は「約定書例の解説と解釈指針」（金法1818号33〜34頁）の内容を、表現を多少改めて記述したものです。預金の相殺充当につき、想定されるすべてのケースがきわめて明快に示されていますので、実務はこれに準拠して行うこととなります。

第2章　信用保証協会の保証制度を利用するための基礎知識　59

2 プロパー債権が僚店債権でなければプロパー優先

同じ借り手について信用保証協会の保証付融資債権を含む複数の債権の返済期限が到来し（期限の利益喪失を含む）、当該借り手やその保証人の預金と相殺できる状態（相殺適状）にある場合は、信用保証協会と協議のうえ、次の優先順序に従って相殺充当します。

① プロパー債権
② 保証付債権
　信用保証協会の保証と、他の保証会社の保証がある債権が併存する場合は債権按分によります。
③ 支払人口債権・僚店債権（注）
（注）支払人口債権……プロパー債権が商業手形上の債権であった場合。
　　　僚店債権……プロパー債権が同じ金融機関の預金口座のある店舗とは別の店舗で取り組まれた融資による場合。

3 主債務と保証債務では主債務優先

このほか預金相殺の取扱いについては次のような注意事項があります。

(1) 期限の利益喪失後に預金口座に売掛金等の入金があった場合は、プロパー債権と保証付債権の債権額に応じて按分充当します。なお、債務者が破産、民事再生、会社更生等の法的破綻に至った場合、期限の利益喪失後に行われた預金との相殺が否認される可能性もありますので、相殺実行に際しては本部の担当部と十分に協議する必要があります。

(2) 同じ借り手について信用保証協会の保証付融資の主債務と第三者の借入れに係る保証債務（他の融資先について借り手が保証人である場合）があり、ともに相殺適状にある場合は、保証付融資の主債務を優先します。

(3) プロパー債権（他の保証会社の保証付債権を除く）が他の担保等により

図表10 預金相殺による弁済充当順位

(1) 僚店相殺の取扱い

No.	A支店	B支店（預金あり）	預金相殺の優先関係	
			プロパー	協会保証付き
1	プロパー	協会保証付き		○
2	協会保証付き	プロパー	○	
3	協会保証付き プロパー（注）		○	

(注) 他の保証会社保証付きの場合は、協会保証付きと按分充当。

(2) 主債務と保証債務（他の主債務者の借入れに対する保証債務）が併存する場合における預金相殺の取扱い

No.	主債務	保証債務	預金相殺の優先関係	
			プロパー	協会保証付き
1	プロパー	協会保証付き	○	
2	協会保証付き	プロパー		○

(注) プロパー債権と協会保証付債権が僚店の関係にある場合は「(1) 僚店相殺の取扱い」が優先します。

(3) その他

No.	場面	預金相殺の優先関係	
		プロパー	協会保証付き
1	プロパー債権（他の保証会社保証付きを除く）が他の担保等により保全されている場合（協会が代位弁済することにより当該担保の移転を受ける場合はプロパー債権が優先）		○
2	協会保証付債権が他の担保等により保全されていることが明らかな場合	○	
3	プロパー債権（他の保証会社保証付きを除く）が商業手形の支払人口債権である場合		○

第2章　信用保証協会の保証制度を利用するための基礎知識

| 4 | 他の保証会社の保証付債権が併存する場合 | 按分充当 |
| 5 | 期限の利益喪失後に入金があった場合 | 按分充当 |

(注) プロパー債権と協会保証付債権が僚店の関係にある場合は「(1) 僚店相殺の取扱い」が優先します。
(出典) 全国信用保証協会連合会「約定書例の解説と解釈指針」(金法1818号34頁)

保全されていることが明らかな場合は、原則として信用保証協会の保証付債権が優先します。ただし、信用保証協会が代位弁済することにより当該担保の移転を受ける場合は、プロパー債権が優先します。逆に、保証付債権が他の保証条件担保等によって保全されていることが明らかな場合は、プロパー債権が優先します。

以上の結果を整理すると、図表10のとおりとなります。

16 預金との相殺②

Q 信用保証協会の保証付債権と預金を相殺する際、どのような時期を選ぶべきですか

A 保証付債権と預金債権がともに弁済期を迎えている以上、借り手が破産や民事再生等の法的整理手続に入っていない場合は特段の制限はありませんが、極端に長期間にわたって相殺手続を留保することは好ましくありません。また、直ちに相殺手続をとらなければならない場合があります。

────────── 解 説 ──────────

1 代位弁済受領と同日に相殺が原則

　預金と貸金の相殺は、双方の弁済期が到来（期限の利益喪失を含む）していれば、いつでも行うことができます（相殺適状）。

　ただし、信用保証協会の保証付融資債権の一部と預金を相殺する場合、信用保証協会が発行する代位弁済計算書上に「預金との相殺」が表示され、代位弁済を受ける利息等も代位弁済受領日までの計算を前提としているため、代位弁済受領日と同日に相殺実行することが金融機関にとって最も有利となります（預金相殺前の元本について利息が計算されるため。ただし、期限の利益喪失後120日を超えた時期に代位弁済を受けると、この有利さが消滅する場合がある。Q18参照）。そこで、保証付債権と預金との相殺を代位弁済受領日まで留保し、同日に相殺実行することが商慣習として定着しています。

2 直ちに相殺を実行すべき場合

　しかしながら、例外的に相殺適状になったら即座に相殺を実行すべきケー

スがいくつかあります。預金と貸金の相殺を直ちに行うべき事例として、次のようなものが考えられます。

(1) 金融機関が借り手や保証人の預金に対する差押命令を受けたことを理由に借り手の期限の利益を喪失させ、かつ差押債権者に対しては「反対債権あり」として弁済を拒絶する旨陳述した場合は、直ちに相殺手続をとり、借り手（保証人）に相殺通知書を出す必要があります。

特に差押命令に転付命令が付されている場合で、差押・転付債権者が自行・庫と融資取引がある場合には直ちに相殺手続をとる必要があります。すなわち、転付命令は支払にかえて券面額で差し押えられた金銭債権を差押債権者に転付する効果があり（民事執行法159条1項）、券面額と同等の価値が保証されている預金債権は転付命令の対象債権としてはきわめて好都合といえます。そして、転付命令は債務者に通知が送達されてから1週間経過すれば確定するため（同法145条5項、159条4項・5項）、確定後に転付債権者が第三債務者たる金融機関からの借入債務と転付対象の預金債権を相殺する逆相殺権を行使すると、もはや金融機関は当該預金債権を差押債務者に対する貸金債権と相殺することはできなくなり、その分だけ未回収の不良債権が生じることとなります。そのような事態を招かないために、差押・転付命令の送達を受けた時点で直ちに相殺権を行使し、その旨を陳述する必要があり、「後でゆっくり手続をとればいい」との発想は捨てなければなりません。相殺通知の出状先は債務者たる預金者と差押・転付債権者の双方となります。

(2) 期限の利益の請求喪失を行った日の借り手の当座預金残高以内の金額で、借り手が振り出した手形・小切手の交換呈示を受けている場合は、当座預金残高と貸金との相殺を行い、「資金不足」の状態としなければ、同事由での不渡返還はできません。

3 相殺実行の引延しが「権利の濫用」となる場合

また、合理的な理由なしに預金を長期間拘束した状態で相殺実行しない場合、借り手にとって延滞利息・損害金負担が増加することとなり、金融機関

の行為は「権利の濫用」とされることがあります。

　信用保証協会の保証付債権について代位弁済請求を行い、預金は相殺せずに留保した状態で、信用保証協会からの追加質問への回答に時間を要し、直ちに代位弁済金を受領できる見通しが立たない場合は、しかるべき時期に預金と貸金の相殺を先行させる必要があります。

　この手続をとらずに、代位弁済金を受領した後で、遅延損害金の残額を債務者や保証人に請求しても、裁判上、「権利の濫用」を理由として認められないことがあります。

預金との相殺③

 法的整理手続を開始した借り手について、預金相殺の時期の制限はありますか

 法的整理の種類によって相殺時期の制限内容は異なります。

---- 解 説 ----

　法的整理の種類による相殺時期の制限内容は図表11のとおりです。融資債権がプロパー債権であろうと、信用保証協会の保証付債権であろうと、制限の内容に差異はありません。特に借り手に民事再生手続、または会社更生手続を開始した場合は、債権届出期間内で、かつ一定の要件を満たした場合にのみ相殺が可能ですので、時機を失しないよう注意が必要です。

図表11　法的整理による相殺時期の制限

No.	法的整理の種類	相殺時期の制限
1	破産手続	相殺時期の制限はない。ただし、破産管財人が一般調査期間経過後または一般調査期日終了後、1カ月以上の熟慮期間を定めて相殺権を行使することができる債権者に対し、相殺権を行使するかどうかを確答するよう催告ができ、その期間内に確答しない場合には、破産手続において相殺権を行使することができない（破産法73条）。
2	民事再生手続	債権届出期間満了前に相殺適状となり、かつ相殺の意思表示が同期間内になされた場合に限って相殺が可能である（民事再生法92条～93条の2）。
3	会社更生手続	債権届出期間満了前に相殺適状となり、かつ相殺の意思表示が同期間内になされた場合に限って相殺が可能である（会社更生法48条～49条の2）。

18 預金との相殺④

Q 保証付債権のうち信用保証協会から代位弁済を受けることができない部分について預金と相殺することはできますか

A 保証付債権のうち信用保証協会から代位弁済を受けることができるのは元本、最終履行期限（期限の利益喪失日を含む）までの未収利息と、最終履行期限の翌日から120日以内の延滞利息となります。これ以外の部分について預金相殺を行う場合、充当対象について信用保証協会との協議を要する部分があります。

--------------------- 解 説 ---------------------

1 代位弁済の対象範囲

　保証付融資から生じる債権の全額が代位弁済の対象となるわけではなく、金融機関が信用保証協会から代位弁済を受けることができる範囲は次のとおりです（ただし、「責任共有制度」に係る部分は考慮していない）。

① 未払元本の全額
② 最終履行期限（期限の利益喪失日を含む）までに発生した未収利息の全額（一部の信用保証協会では、未収期間の上限が設けられている）
③ 最終履行期限の翌日から120日以内の遅滞利息（ただし、遅滞利息の利率は融資の約定利率と同じであり、遅延損害金として特約を締結している年14％の利率は適用されない）

　このため、金融機関が借り手の預金や保証条件とされていない担保（条件外担保）から独自に債権回収を図った場合、回収金を代位弁済の対象とならない部分の弁済に充当してかまわないかが問題となります。なお、保証条件とされた担保からの回収金は代位弁済の対象となる部分に優先充当されま

図表12　信用保証協会の代位弁済の範囲と預金相殺・保証条件外担保の優劣

［事例］	未収損害金130日分　代位弁済の範囲：期限後120日まで 期中利率年3％　遅延損害金利率年14％

	130日 年11％（14％－3％）	
	120日 年3％	10日 年3％

	代位弁済の対象
	代位弁済の対象外（相殺充当は協議による）
	代位弁済の対象外（相殺充当は金融機関優先）

（出典）　全国信用保証協会連合会「約定書例の解説と解釈指針」（金法1818号35頁）

す。

2 対象外の債権への弁済充当の可否

　代位弁済の対象とならない未収利息や延滞利息を預金と相殺する場合、または保証条件とされていない条件外担保からの回収金を弁済に充当する場合、約定利率と同じ率で計算した部分は金融機関優先とされ、その他の部分については信用保証協会と金融機関の協議により優劣を定めることとされています。これを図式化すると図表12のとおりです。

19 代位弁済請求

Q 金融機関が信用保証協会に代位弁済を請求できるのはいつからですか

A 金融機関と信用保証協会との保証契約上、最終履行期限（期限の利益を喪失したときは喪失日）から90日経過後に代位弁済請求が可能ですが、回収不能が明確であるときは同期間経過前の請求が認められます。

―――――――――――――― 解 説 ――――――――――――――

1 90日の「冷却期間」

金融機関と信用保証協会が締結する保証契約には通常、次のように定められています（約定書例6条第1項）。

> 第6条（保証債務の履行）
> 　信用保証協会は、被保証債務について債務者が最終履行期限（期限の利益喪失日を含む。）後90日を経てなお、その債務の全部又は一部を履行しなかったときは、金融機関の請求により保証債務の履行をするものとする。但し、特別の事由があるときは90日を経ずして信用保証協会に対し保証債務の履行請求を行なうことができる。
> 2．（以下省略）

この90日を「冷却期間」と称しています。金融機関が保証付融資債権についてもプロパー融資債権と同様の回収努力を行い（約定書例9条3項）、しかる後に代位弁済請求することが適切であるという考え方が、こうした期間を設けた理由とされています。

第2章　信用保証協会の保証制度を利用するための基礎知識　69

ただし、債務者が破産等の法的整理や行方不明等になったなど特別の事情があるときは、回収不能が明確であるため、冷却期間経過前であっても代位弁済請求が可能です。

2　要件充足後のすみやかな代位弁済請求

　代位弁済請求はそれが可能とされる条件が整えば、極力早期に行うのが金融機関・信用保証協会双方にとって好ましいはずであり（金融機関にとっては、期限の利益喪失後120日間を超えて代位弁済対象外の遅延損害金が発生することを回避する点に利益があり、信用保証協会にとっても120日以内に代位弁済を行える場合は遅延損害金の負担額が減少する点に利益がある）、迅速・的確な処理が望まれます。

　代位弁済請求した後に、信用保証協会から金融機関に対して債務者との融資手続や、融資取組み後の債権管理・回収に関して質問が寄せられることがありますが、質問内容によっては保証免責につながる可能性もあります。いずれにしても質問内容をよく理解し、実態を正確・迅速に報告することが、すべての手続を前進させるために必要です。

（参考：「信用保証協会の保証」5-2-1）

20 保証免責の種類

保証免責にはどのような種類がありますか

保証免責とは、一定の事由の発生により信用保証協会が保証債務の履行を免れることをいい、3種類の免責事由が定められています。

----------------------------- 解 説 -----------------------------

1 保証免責とは

　信用保証協会が信用保証書を発行して成立した保証契約について、一定の事由が生じた場合、保証債務の履行についてその全部または一部を免れることを保証免責といいます。保証免責が成立すれば保証債務は消滅して信用保証協会が代位弁済に応じる必要はなくなり、融資が無担保の場合は金融機関に損害が生じる可能性が高くなります。

　保証免責は、信用保証協会と金融機関の間で締結する約定書に定められており、次の3種類があります（約定書例11条）。
① 旧債振替（1号免責）
② 保証契約違反（2号免責）
③ 故意または重大な過失による取立不能（3号免責）

2 「保証契約違反」と「旧債振替」「故意または重大な過失による取立不能」の関係

　「旧債振替」とは金融機関が保証付融資の融資金を既存の他の債権の弁済に充当することを、「保証契約違反」とは金融機関において信用保証協会との間の基本約定である約定書や個々の案件ごとに保証内容を特定した信用保証書等の条項に違反したことを、「故意または重大な過失による取立不能」

第2章　信用保証協会の保証制度を利用するための基礎知識　71

とは金融機関の故意または重大な過失によって保証付債権の全部または一部の取立てができなくなったことを、それぞれ指します。

　旧債振替は約定書例3条で禁止され、金融機関が善良な管理者としての注意をもって保証付融資債権の保全・管理に努めるべきことは約定書例9条1項に定められていますから、「旧債振替」と「故意または重大な過失による取立不能」は「保証契約違反」に包含されます。しかし、この2つをあえて独立させたのはそれぞれ特徴があるからです。

　保証免責となる事態を避けるためには通常のプロパー融資債権の管理とは異なった注意が必要になります。金融機関の融資担当者はこれらの内容を正確に理解したうえで、適切に保証付融資の債権管理を行うことが求められます。

21 旧債振替①

Q 保証免責のうち旧債振替とはどのような内容ですか

A 保証付融資の融資金を、金融機関の既存の他の債権の弁済に充当することをいいます。保証付融資が中小事業者の事業資金ではなく金融機関の債権回収に充てられることは信用保証制度の趣旨・目的に反することから、特にこれを重視し独立の保証免責事由とされています。

――――――――――|解 説|――――――――――

1 旧債振替による保証免責の要件

　信用保証協会の保証制度の目的は、中小事業者の事業資金調達を円滑化することにあります。金融機関が保証付融資の融資金を借り手の事業のために使わせることなく、既存の融資債権の回収に充てることは制度趣旨に反するために、旧債振替は約定書例3条で禁止され、約定書例3条への違反は同11条1号で保証免責事由とされています。

　もっとも、結果として旧債振替となった場合でも、「中小企業者等の金融の円滑化を図るために用いられたと認めることができる関係にある場合」や「金融機関の責に帰すべき事由がない場合」は保証免責の対象とされません（「約定書例の解説と解釈指針」金法1818号40頁）。

　前者の例としては、保証付融資の融資金が既存の融資の分割返済に充当された場合があげられます（Q22参照）。借り手が金融機関と相談せず、自ら保証付融資の融資金を既存債務の弁済に充当した場合は後者が問題になりますが、保証付融資の融資金で自行・庫の既存融資の返済を受ける際に金融機関職員が手続にまったく関与しないことはありえないことから、金融機関の責めに帰すべき事由がない場合はきわめて限定的・例外的でしょう。

旧債振替による保証免責の範囲は、原則として保証付融資のうち実際に他の債権の返済に充当された金額だけです（一部免責。最判平成9年10月31日民集51巻9号4004頁）。しかし、たとえば、金融機関が当初から自行の債権を回収する意図で計画的に信用保証協会の保証付融資を利用した場合のように、信用保証制度の趣旨・目的に照らして保証債務の全部について免責を認めるのを相当とする特段の事情がある場合は、保証付融資の全額が対象（全部免責）とされます（下記**2**⑥はその代表例）。

2 旧債振替による保証免責の代表例

　旧債振替制限条項違反の代表的な事例は以下のとおりです（「約定書例の解説と解釈指針」金法1818号41～43頁）。ただし、信用保証協会があらかじめ承諾し、発行された信用保証書に明示された旧債振替については保証免責の対象とはなりません。
① 不渡手形の買戻しに充当した場合
② つなぎ融資の返済に充当した場合……信用保証書が発行される前に、それが発行されることを見越して同額のつなぎ資金を融資し、信用保証書が発行された後で取り組んだ保証付融資の融資金でつなぎ融資の弁済を受けることをいいます（Q2参照）。
③ 代理貸付の返済に充当した場合
④ 保証付融資の融資金が貸越契約のある当座勘定に入金された結果、貸越残高が消滅した場合……このような場合でも、中小事業者が意図していた事業資金に利用されたとみなされる場合は旧債振替による保証免責とはされませんが、金融機関がもっぱら貸越金の回収意図をもって行い、当座勘定へ入金後の貸越取引を継続しない場合は（貸越しの中止、解約）、保証免責に該当するものとされます（最判平成9年10月31日民集51巻9号4004頁）。
⑤ 旧債振替制限条項に違反した後、新規保証により既存の保証付融資を決済した場合……この場合、借換え前後を通じて実質的に保証契約の同一性がある場合は、保証免責の効果（保証債務の全部または一部の消滅）は借換

え後も維持され、また、保証債務が消滅していることを信用保証協会が知っていれば、次回保証に応じることはおよそ考えられないことから、要素の錯誤により保証契約が無効になるということもできると判示した裁判例があります（大阪高判平成13年１月25日金融・商事判例1121号20頁）。

⑥　他行の口座を経由した後、既存融資の返済に充当された場合……保証付融資の融資金がいったん貸し手である金融機関の借り手名義の口座に入金された後、この資金が他の金融機関の借り手名義の口座に移され、その後、再び貸し手金融機関の借り手名義の口座に戻され、既存融資の返済に充当された場合を意味します。貸し手金融機関の借り手名義の口座から直接既存融資の返済に融資金を充当すれば、容易に旧債振替が判明してしまうことから、これを避けるための巧妙な手段として他行口座を経由させたものであり、信用保証制度の趣旨・目的に明らかに抵触することから、信用保証協会は保証債務の全部について責を免れることとなるとしています。

3　融資先と示し合わせた旧債振替行為は厳禁

　金融機関が上記**2**⑥に示した手法その他によって、融資先と示し合わせて旧債振替を実現させる行為は、融資金を事業に消費することができないという意味で融資先に不利益が生ずる取引です。その場はうまく収まったとしても、将来融資先が経営破綻し、保証付融資について信用保証協会に代位弁済を請求すると、信用保証協会は事前求償権に基づいて融資先に対して事情聴取を行います。その際に、金融機関と示し合わせて旧債振替に協力した融資先が、経営破綻後もその事実を隠し、金融機関をかばってくれる保証はなく、むしろ必ず露見すると考えるべきです。したがって、そのような本来の制度趣旨に反し、かつ危険な行為は絶対に行ってはいけません。

22 旧債振替②

Q 保証付融資の融資金が、既存の融資の分割返済に充当された場合も旧債振替として保証免責となりますか

A 保証付融資の融資金が既存融資の毎月一定額の分割返済に充当された場合は、保証免責の対象とはなりません。ただし、テールヘビー型返済の最終回分の充当や、延滞中の約定返済に充当された場合は保証免責の対象とされます。

------------------------------解 説------------------------------

1 分割弁済充当は保証免責対象外

　信用保証協会の保証付融資の融資金が借り手の預金口座に入金された後、既存の融資の毎月の分割返済のために同じ預金口座から引き落とされた場合、かたちのうえでは旧債振替に該当しますが、この場合は保証免責の対象とはされません。これは、保証付融資金が約定分割返済に充当されることは借り手の利益にかない、中小事業者の事業資金調達円滑化という信用保証制度の趣旨に反しないという考え方によります。

2 テールヘビー型最終回分や一括返済の充当は保証免責対象

　ただし、既存融資の分割返済の約定内容が最終回に毎月の返済額に比べて多額の返済を予定するテールヘビー型の場合の最終回分の返済や（中小企業金融安定化法の施行により、この種の内容の返済条件変更契約を締結した事例が多くみられる）、数回分の繰上返済や期日一括返済約定の場合の一括返済等に充当された場合は、旧債振替制限条項（約定書例3条）に抵触し、保証免責の対象とされます（約定書例11条1号）。

この点については全国信用保証協会連合会による見解表明（全国信用保証協会連合会「約定書例の解説と解釈指針」金法1818号42頁）を参考に金融機関の立場から検討すれば以下のとおりとなるでしょう。
① 　信用保証協会による保証制度は中小事業者の事業資金調達に資することを目的としており、既存の借入債務の長期分割弁済に保証付融資金の一部が充当されることはその趣旨にもとらないものと判断されます。
② 　その一方で、テールヘビー型の最終回返済分等の異例な弁済約定分に保証付融資金を充当することは、債務者である中小事業者の利益を図るのでなく金融機関が既存融資の回収を優先し、債務者が破綻した場合の損失を信用保証協会に負担させることとなり、保証制度の趣旨に反することとなります。
③ 　いずれにしても、既存融資の分割弁済資金に保証付融資金を充当することの是非については長い間、信用保証協会と金融機関の間で見解が対立した歴史があり、金融機関サイドではその問題を回避するため、複雑で不自由な資金管理を余儀なくさせられたり、問題解決を訴訟に委ねたりすることもあったと思われます。その点から、全国信用保証協会連合会による明確な解釈指針が打ち出されたことは、金融機関の立場からもおおいに評価できることです。

保証契約違反

 保証免責事由のうち保証契約違反とはどのような内容ですか

数多くの保証契約違反がありますが、その大部分は信用保証書に記載されている内容どおりの融資契約を締結することによって回避できます。最も難解で、かつ注意すべきものは「資金使途違反」です。

──────────── 解 説 ────────────

1 保証契約違反による保証免責の要件

保証契約違反による保証免責（約定書例11条2号）とは、金融機関において信用保証協会との間の基本約定である約定書、個々の保証案件ごとに具体的な保証内容を特定した信用保証書、信用保証協会の保証制度要綱および事務取扱要領に定める条項への違反があった場合です。

これらの場合、金融機関に故意または過失がなければ保証契約違反とはなりません。また、保証契約違反があったとしても求償権行使に障害がなく、信用保証協会に損害が生じていない場合は保証免責とはなりません。ただし、保証契約違反の態様が信用保証制度の趣旨・目的に著しく抵触する場合には、これによる損害発生の有無にかかわらず、保証免責となるとされています。この取扱いは法律的には、錯誤無効または保証契約の目的に反すること（保証契約違反）を根拠とすると思われます。

2 保証契約違反による保証免責の代表例

保証契約違反により保証免責となる代表的なケースとしては、以下のものがあります（「約定書例の解説と解釈指針」金法1818号43～46頁）。

(1) 保証金額と貸付金額の相違

貸付金額が保証金額を超えている場合と、貸付金額が保証金額よりも少ない場合のいずれも保証免責となります。極度保証（根保証）契約の場合に、貸付や手形割引の期間中の極度超過も保証免責の対象となりますが、以下の各場合は保証免責の対象とされません。

① 手形割引根保証において、金融機関が当該保証の対象となることを前提に割り引いた手形が不渡りとなり、借り手が買戻しできないときに、一時的に極度額を超過して別の手形を割り引き、同日中にその代り金をもって買戻しを行って割引残高が極度内に収まる場合……この場合は極度超過に抵触せず、旧債振替制限条項にも抵触しないとされています。

② 当座貸越根保証（貸付専用型、事業者カードローン）において、利息徴収が元加方式で、利息の支払日と元本の返済日が同日のとき、利息元加処理が先行することによって、一時的に極度超過となるが、同日の元本返済によって同日中に貸越残高が極度内に収まる場合

(2) 保証期間と貸付期間の相違

保証期間と貸付期間の相違も、金額の相違と同様に保証免責の対象とされます。

(3) 貸付形式の相違

手形貸付と証書貸付の相違や、私署証書と公正証書の相違等が保証免責の対象とされます。

(4) 返済方法の相違

保証内容が分割弁済であるにもかかわらず期日一括弁済とした場合、あるいはその逆の場合等が保証免責の対象とされます。

(5) 資金使途の相違（資金使途違反）

この項目は最も発生する可能性が高く、かつ債権管理上、注意を要する事項のため、別項目で解説します（Q24～27）。

(6) 保証条件の担保を徴求しなかった場合

保証付融資について特定の物件に担保権の設定を受けることや、徴求ずみ

の担保について保証付債権へ優先充当すること等が保証条件であったにもかかわらず、条件が満たされなかった場合が保証免責の対象とされます。この場合、原則として信用保証協会が受けた損害の範囲において免責となります。この項目も発生する可能性が高く、かつさまざまなケースが想定されますので、別項目で解説します（Q28）。

(7) **保証条件の連帯保証人を徴求しなかった場合**

特定の者を連帯保証人とすることが保証条件となっているにもかかわらず、当該連帯保証人を徴求できかった場合、信用保証協会は予定していた連帯保証人に求償権を行使することができず、信用保証協会は損害を被ることとなるため、保証免責の対象とされます。

(8) **保証条件として徴求した連帯保証人の保証否認**

連帯保証人の存在が保証条件とされているのに、連帯保証人の保証否認や保証契約の不成立などにより、実質的に保証条件とした連帯保証人の保証が得られない場合は、保証免責とされます。

保証条件とされた者との保証契約締結に際しては、保証人予定者と直接面談のうえ、公的証明書の提示を受ける等によって本人特定事項を確認し、保証人として負担すべき義務の内容・範囲を説明のうえ、保証契約書に自署・捺印を求めることによって保証人としての意思の確認を行うべきです。加えて、高齢者が保証人予定者の場合は意思能力、行為能力に問題がないかを慎重に見極める必要があります。

3 第三者保証徴求の原則禁止

2(7)(8)に関して、現在では信用保証協会側から第三者保証人の徴求を求めることはないようです。平成18年3月28日付中小企業庁通達「第三者保証人徴求の取扱いについて」によれば、中小企業庁では信用保証協会が行う保証制度について、経営者本人以外の第三者を保証人として求めることを、一部の例外（注）を除き原則禁止としています。

（注） 例外とされるケース

① 実質的な経営権を有している者、営業許可名義人または経営者本人の配偶者（当該経営者本人とともに当該事業に従事する配偶者に限る）が連帯保証人となる場合
② 経営者本人の健康上の理由のために、事業承継予定者が連帯保証人となる場合
③ 財務内容その他の経営の状況を総合的に判断して、通常考えられる保証のリスク許容額を超える保証依頼がある場合であって、当該事業の協力者や支援者から積極的に連帯保証の申出があった場合（ただし、協力者等が自発的に連帯保証の申出を行ったことが客観的に認められる場合に限る）

したがって、経営者以外の第三者を保証人としなかったことが保証条件違反とされるケースは、新規に発生する保証契約についてはごく例外的と思われます。もっとも、従前から銀行取引について極度根保証形式で保証している第三者保証人が存在する場合、新たに保証付融資が取り組まれ、代位弁済請求を余儀なくされた時点で当該根保証契約が無効とされた場合には、当該根保証契約が保証条件とされていないとしても、保証人間の分別の利益（複数の保証人がいる場合に保証債務の負担を平等の割合で分かち合うこと）をめぐって信用保証協会との間で見解対立が生じることも予想されます。

いずれにしても、保証契約を締結する際には、それが法的に有効なものであるよう気をつけるべきことは当然です。近い将来予定されている民法（債権関係）の改正案によれば、保証契約締結手続が次のように改められる予定です。
① 事業目的の融資に対する個人保証については、経営者（共同経営者を含む）による保証を除き、保証契約締結日から１カ月前以前に公正証書による保証の意思表示をしない限り効力を認められなくなります。
② 公正証書は保証人予定者による公証人への口述、公証人によるその内容の筆記、読み聞かせ等の手続を経て、公証人と保証人予定者の双方が署名・捺印する方法により作成します。
③ このほか、事業のために生じる債務の個人保証を依頼する場合、主債務者は保証契約締結前に保証人に対し財産や収支の状況等を知らせなければならないとする規定や、債権者は保証人から請求があれば主債務の状況を知らせなければならないとする規定が新設される予定です。

24 資金使途違反①

 保証契約違反を理由とする保証免責のうち、資金使途違反とはどのような内容ですか

資金使途違反とは信用保証協会の保証付融資において、借入申出の際に申告を受けた資金使途と違う内容に融資金が消費されることです。結果として資金使途が申出と相違しても、金融機関の故意または過失がなければ保証免責とはされません。また、金融機関に過失があったとしても、信用保証協会による求償権の行使に支障がない場合は、信用保証制度の趣旨・目的に抵触しない限り保証免責とされないものと解されます。

------------------------- 解 説 -------------------------

1 資金使途違反による保証免責

　金融機関が借入申出を受け、信用保証協会の保証付融資に取り組む際には、借り手から必ず「資金使途」の申告を受けます。それが設備資金の場合は「設備の内容や購入先」、運転資金の場合はその「資金需要原因」（増加運転資金、在庫資金、決算・賞与資金、赤字資金等）を申告してもらうことになります。そして、信用保証協会に対して保証を求める際にも、申告を受けた資金使途を前提とし、信用保証書の発行を受けます。

　ところが、いったん保証付融資を取り組み、融資金を債務者の預金口座に入金した後は、債務者が原則として自由にその預金を消費できるため、結果として当初申告を受けた資金使途のとおりに融資金が消費されない事態が生じえます。そのような場合に保証契約違反（約定書例11条2号）を理由とする保証免責となるかどうかをめぐって信用保証協会と金融機関の間で見解が対立し、紛争となることがあります。

2 「金融機関としての注意」を払う義務

この点につき全国信用保証協会連合会は次の見解を表明しています。

> 　保証契約に違反したことについて金融機関に過失がある場合には、債務不履行の要件を満たすこととなり、原則として保証免責となる。ただし、金融機関が保証契約に違反したとしても、これによる損害が生じていない場合、つまり求償権の行使に支障がない場合には、保証免責とならない。
> （出典）「約定書例の解説と解釈指針」（金法1818号41頁）
>
> 金融機関の故意または過失により資金使途違反が生じたときは免責となる。
> 過失責任は金融機関としての注意を払ったならば、明らかに使途違反の事実が予見することができたにもかかわらず、注意を払わなかったことにより結果的に発生する。
> （出典）「約定書例の解説と解釈指針」（金法1818号43頁）

　これらでいう「金融機関としての注意を払ったならば」はきわめて深い意味をもち、金融機関として融資先管理にあたって通常期待されるレベルを示しているものと解されます。ところが、多くの金融機関の現実の姿はどうでしょうか。プロパー融資、保証付融資の別なく、多くの営業店の融資・営業担当者にみられる行動は、「融資を実行したらそれで終わり。その後の融資先管理については気を配らない」というものです。

　そのような実態であるために、保証付融資について結果として資金使途違反が発生し、信用保証協会から保証免責を主張されても、効果的な反論や抗弁がまったくできず、保証免責を認めざるをえない事態となるのです。

　多くの金融機関では、代位弁済請求を行った後に信用保証協会から資金使

途違反の事実の指摘を受け、あわてて実態調査を行って指摘内容どおりであることをはじめて認識し、信用保証協会からの質問に対して的確な回答ができないという実態があります。そして、保証免責の主張を受け入れざるをえず、金融機関に多額の損害が発生しています。

　これではあまりにもお粗末であり、信用保証協会の保証を得ている意味がありません。融資先、特に新規融資先については「融資を実行したらそれで終わり」ではなく、「融資が取引のスタートライン」であって、取引先の把握と債権管理を十分に行うことによってロイヤルティの高い取引先となってもらうことを目指さなければなりません。間違っても、資金使途違反に気づかず放置し、不良債権化によって損害を被るような事態を招いてはいけません。

3　資金使途違反を発見した場合の対応

　借り手が当初から資金使途について虚偽の申告をしたり、申告内容は事実であったものの、資金繰りの急な変化を受けて資金流用が発生し、結果として資金使途違反が行われたりすると、金融機関がそれを止めることは事実上不可能ですが、融資先の管理、特に融資金の使い道のトレースを十分に行うことによって、事前の予見は困難であったとしても早い段階で事後的に資金使途違反の事実を発見することは十分に可能です。

　そして、そのようなプロセスを経て発見した資金使途違反の事実について、融資先と正常化交渉を行うとともに、信用保証協会へ事故報告し、対応を協議することによって、代位弁済請求に至った場合でも、金融機関は自信をもって保証履行を主張できるのです。

　信用保証協会に対する事故報告基準には「資金使途違反を発見した時」とは明示されていませんが、例示された報告基準はいずれも債務者が約定どおりの債務履行をすることに懸念が生じた場合であることが共通事項です。そして、融資を受けるに際して申告した資金使途どおりに融資金が消費されない事態は、金融機関と融資先との信頼関係を損なうだけでなく、融資先の信

用状態に警戒信号が点滅したものと解釈されるため、保証委託を受けて連帯保証した融資の主債務者がそのような事態となったことについて信用保証協会が金融機関から事故報告のかたちで報告を受けることは歓迎されこそすれ、拒絶されるとは思われません。そして、信用保証協会と金融機関が協議のうえ、事態の改善を目指すことが当然にとるべき対応といえます。

4 事業資金以外に融資金が費消された場合

　また、結果として資金使途違反が生じ、それについて金融機関に過失が認められたとしても、信用保証協会の借り手に対する求償権行使に特段の支障が生じない場合は、融資金の使い道が事業資金の範囲内で信用保証制度の趣旨・目的に抵触しない限り、保証免責には該当しないか、もしくは一部免責と解釈される余地があります。これに対し、当初から事業資金以外に使用する目的で保証付融資が利用された場合、信用保険約款の免責事由に該当し、信用保証協会はその故意・過失を問わず保険金を受け取ることができなくなると考えられ、同時に金融機関に対する保証免責問題も浮上することが想定されます。この点については、融資金詐取を目的に中小事業者としての実態のない者が信用保証協会から得た保証契約の有効性をめぐる訴訟事件で、裁判所が示した見解が保証免責の可否についての判断基準となるでしょう（Q32参照）。いずれにしても、金融機関が融資採択の可否判断を行う際には、一般的に妥当とみなされる程度の注意義務を払い信用調査を行うことが不可欠です。

25 資金使途違反②

Q 設備資金の保証付融資で資金使途違反による保証免責とならないためにはどうすればいいですか

A 設備資金は、幅広い資金使途の運転資金とは異なり、比較的資金トレースが容易です。5つのステップを踏むことにより、資金使途違反の回避や早期発見が可能となります。

--------［解　説］--------

1 設備資金融資の事後管理

　保証付融資が設備資金の場合は、金融機関で厳格な管理をする必要があります。事業用設備の建築・改装資金であれば工事の進捗状況、機械購入資金であれば機械の設置状況をしっかりと確認する必要があります。保証付融資の融資金が当初申告された設備資金に使われなかった場合は資金使途違反で保証免責を主張される可能性があります。金融機関としては、保証付融資金による設備購入の事実を次のような方法で検証すべきです。

⑴　**預金口座に入金された融資金の「現金払出し」は不可とする**

　設備資金、運転資金を問わず、預金口座に入金された融資金が現金で払い戻されることは一種の異常事態です。現金取引は帳簿に残らないことから、さまざまな不正手段に利用される傾向がみられ、正常な商取引ではあまり発生しない現象といえます。また、融資金詐取目的で中小事業者としての実態のない者が融資を受けた際に発生する手口でもあります。

　預金口座に融資金が入金された後、それがどのように消費されるのかを把握するのは資金トレースの「イロハのイ」であり、店頭担当職員に預金取引を任せきりにするのではなく、融資担当者の使命の1つとして、店頭での多

額の現金払戻請求にはストップをかけ、借り手から事情を聞くことを怠ってはいけません。また、営業担当者が融資先から依頼を受けて多額の現金を届けることなどは論外です。

(2) **設備購入資金の支払方法を、申告を受けた設備購入先口座への振込みに限定する**

設備資金として融資申出を受けた際には、検討資料として当該設備購入先が発行した「見積書」や「設備購入契約書」を必ず受け入れます。融資金は当然そのとおりに消費されるわけですから、設備購入資金の支払方法を当該購入先の金融機関口座への振込みに限定するよう借り手に依頼すべきです。

(3) **設備購入先の発行した「領収書」の原本確認を行う**

予定された設備購入先への代金支払が行われた後に、同購入先が発行した領収書等を確認資料として借り手から徴求し、支払ずみの確認を行います。これは信用保証協会からも当然に求められるものであり、必ず「原本確認」を行い、その写しを受け入れます。

重要なことは、「領収書の確認」は必要条件の1つにすぎず、それのみではまだ不十分だということです。融資先と設備購入先として申告を受けた先の両者が共謀すれば領収書の偽造などは簡単にでき、現実にそのような事件も発生しています。

一般的に「領収書が確認できればそれで十分」との風潮がありますが、金融機関に求められる債権管理としては不十分であり、次の(4)(5)に示した確認手続をとるべきであることを認識してください。

(4) **融資先を訪問し、購入設備の現地確認を行う**

融資先にとっては通常、金融機関から借入れまでして購入した設備は自慢の品であり、それをみてもらいたいとの心理が働きます。そこで、融資金によって購入された設備が搬入され、稼働開始した時期を見計らって融資先を訪問し、当該設備をみせてもらうべきです。そのような行動を通じ、融資先には「この金融機関は当社に興味をもってみてくれている」との心理が働き、ロイヤルティの高い取引先となってくれることも期待できます。

(5) 設備購入直後の融資先決算書に、購入設備が資産計上されていることを確認する

新たな設備投資を行えば、必ず当該決算期の貸借対照表に当該設備が固定資産として計上されるはずです。決算書を融資先から受け入れた時点でそれを確認することにより、間違いなく予定された設備が購入されたことを確認します。

2 資金使途違反を発見後の対応

いったん借り手の預金口座に入金された融資金の払戻しは、預金約款の定めによって原則として自由に行うことができ、資金繰りに窮した借り手が資金流用する可能性を排除することはできず、金融機関は事後的なトレースしかできません。このため、設備資金を融資した後、上記の5つのステップを踏む過程で、予定された設備とは異なるものが購入されていたり、あるいは設備がまったく購入されずに資金が他に流用されていたりすることを発見するかもしれません。

資金使途違反を発見した際には、直ちに融資先から事情を聞き、極力保証条件どおりの設備購入を促すことが必要です。借り手は時に資金使途違反の重大性について認識が薄い場合があることから、借り手が融資金を申告している設備資金以外に流用した場合は、融資金残額の即時返還を求める場合もあることを融資実行前に借り手に伝えておくことも必要です。

ただし、融資実行後に事後的に資金使途違反が判明した場合、それを理由に期限の利益を喪失させるかどうかについては慎重に検討する必要があります。この場合、期限の利益を喪失させ、融資金の返済を受けることができない場合、信用保証協会が代位弁済に応じてくれるかどうかが大きな判断のポイントとなります。さらに、銀行取引約定書に定める他の期限の利益喪失事由が発生していればまだしも、そうではなく、たんに資金使途違反の事実が表面化しただけの状況で期限の利益を喪失させる行為は、訴訟等で争われた場合に金融機関の「権利の濫用」とされる可能性も捨てきれません。した

がって、債務者に対する説明としては「資金使途違反が是正されなければ、今後信用保証協会から新たな保証を得ることが困難視される」という程度にとどめることが妥当でしょう。

いずれにしても、融資先が容易に条件履行に応じない場合には信用保証協会へ事実を報告し、対応を協議する必要があります。仮に設備資金ではなく運転資金に流用された場合は、運転資金のトレースが最低限必要になってきます。また、設備資金に使用されたとしても、設備の内容や支払先が当初申告の内容と異なる場合は、金融機関で変更に至った理由とその合理性を確認し、信用保証協会へ報告する必要があります。

以上のプロセスを踏んでおけば、「金融機関の管理上の過失による資金使途違反」に問われる可能性は限りなく低くなると考えられます。何もしないで放置し、結果として資金使途違反の指摘を受け、保証免責を受け入れざるをえない事態を発生させるべきではありません。

資金使途違反③

Q 運転資金の保証付融資で資金使途違反による保証免責とならないためにはどうすればいいですか

A 運転資金の需要原因は幅広く、設備資金と比較して資金トレースは容易ではありません。少なくとも「金融機関の故意または過失による資金使途違反」を発生させないことが必要です。

――――――――――――――― 解 説 ―――――――――――――――

1 運転資金の種類

　運転資金需要は設備資金需要と比べてかなり幅広く、その代表例として図表13のようなものがあります。

　運転資金の借入申出を受けた場合、その資金需要原因を把握することが金融機関職員としての「イロハのイ」です。資金需要原因を把握することによって、「前向き・後向き資金の別」、返済時期、返済原資、担保の必要性等を判断することができるのです。

2 運転資金融資の事後管理

　資金需要原因を正確に把握して保証付融資を行っても、融資金がその目的どおりに消費されているかどうかの最終的な確認は、次の決算期に作成される決算書の分析によらなければなりません。金融機関の故意または過失による資金使途違反を問われないためには、次期の決算書を受け入れるまでに最低限次の事実を確認しておくべきでしょう。

① 融資金を定期預金として長期間拘束することは、明らかに資金使途違反となります。

図表13　運転資金の種類

No.	資金需要種別	資金需要原因
1	経常運転資金	売掛債権と買掛債務のサイト差や在庫負担を原因とし、通常の事業を行うなかで発生する資金需要
2	増加運転資金	新規受注先の発生や既存受注先の増加発注により、経常運転資金需要部分が増加し必要とされる資金。その過程で在庫積増しのための資金需要が生じることもある
3	滞貨資金	売上減少に伴い一時的に在庫が増加し、それをさばくまでの間に発生する資金需要
4	決算・賞与資金	納税・配当など決算に伴い生じる資金需要と、賞与支払のために生じる資金需要。業績は黒字であっても、資金需要発生時点では在庫や売掛金のかたちで資金が投入されており、それが資金化されるまでの間（6カ月程度）の資金が必要になる
5	季節資金	1年のうち季節によって売上高に差が生じる場合、売上減少時期に必要とされる一時的な資金需要
6	赤字資金	構造的または一時的な決算赤字で必要とされる資金需要

② 極端に異常な預金の動きをチェックする必要があります。融資金の大部分を現金で払い戻すことはその典型例といえます。

③ 預金口座に入金されたまま長期間消費されない事態、または特定の資金にのみ消費される事態をチェックする必要があります。

　運転資金として取り組んだ保証付融資の融資金が預金口座に入金された後、その法人の代表者の給与資金にのみ消費され、代位弁済請求した際に信用保証協会から「資金使途違反」との主張を受けた事例があります。その是非については評価が分かれるところですが、本件では営業担当者が「融資したらそれで終わり。あとは放りっぱなし」で、このような現象が生じていることにまったく気づかなかったのが実態でした。融資金がどのように消費されたのかを確認することは債権管理の「イロハのイ」であり、例外なく実施することを心がけてください。

3 資金使途違反を発見後の対応

　運転資金に資金使途違反が発生したことを発見するのは容易ではありませんが、上記2①～③に示した事実や、そのほか明らかに資金使途が当初申告と相違する事実を把握した場合にはQ24でも解説したとおり信用保証協会に対して事故報告書を提出し、できるだけ早い時期に対応策を協議すべきです。

　もっとも、運転資金需要は前述のとおり経常運転資金、増加運転資金その他に分かれますが、実際にそのとおりに使われているかどうかは事後に受け入れた決算書に基づく資金運用分析等を経なければ把握することは困難といえますし、企業活動は「生き物」であるため運転資金の性質が変化すること（経常運転資金として申告したものが結果として赤字資金に変化など）は十分にありえます。したがって、保証免責との関係では、事業資金に消費されたことがポイントであり、それに抵触しない限り保証免責問題は浮上しないものと思われます。

資金使途違反④

 保証付融資金が入金された預金口座から公共料金等が引き落とされた場合、資金使途違反となりますか

 引き落とされた対象の公共料金等が事業に必要なものではなく、個人負担とすべき性質の場合は「資金使途違反」となります。

───────── 解 説 ─────────

　信用保証協会の保証付融資は中小事業者の事業運営に必要とされる設備・運転資金として消費されることが前提となっています。

　個人事業者の取引口座が、事業とは無関係の、純粋に個人負担とすべき公共料金等の引落しに利用されている場合、同口座に保証付融資金を入金すると、口座引落しに同資金が充当され、結果として事業に無関係の資金として消費されることとなり、資金使途違反となります。

　したがって、そのような場合は引落し口座を他の口座に変更するか、もしくは融資金の入金口座を別に設ける必要があります。

　ただし、引き落とされた公共料金等が当該個人事業に必要なものである場合は、設備資金融資の場合は別として、運転資金融資の場合は資金使途違反に該当しません。

　口座引落しの性質は銀行側で簡単に把握できるものであり、それにもかかわらず資金使途違反が発生した場合、銀行に過失ありとされ、保証免責を主張される可能性が高くなります。

（参考：全国信用保証協会連合会「約定書例の解説と解釈指針」金法1818号44頁）

28 保証条件担保の未取得

Q 保証条件の担保を徴求せず、保証免責となるのはどのような場合ですか

A 特定の物件に担保権の設定を受けることや、徴求ずみの担保について保証付債権を優先弁済することが保証条件とされていたにもかかわらず、条件が満たされなかった場合、保証契約違反による保証免責の対象となります。そして、原則として信用保証協会が受けた損害の範囲について保証免責となります。

──────────── 解 説 ────────────

担保の徴求が保証条件とされた場合にそれを満たすことができず、保証契約違反による保証免責（約定書例11条2号）が問題となる事態にはさまざまなものがあります。その代表例は以下のとおりです（「約定書例の解説と解釈指針」金法1818号44〜46頁）。

(1) **更地に抵当権を設定することが保証条件とされた場合に、抵当権設定登記を受けた後に地上に建物が建築された場合**

この場合、建物についても追加で抵当権の設定登記を受けることができればいいのですが、受けられない場合に問題が生じることとなります。

建物について法定地上権が成立するのは以下の条件がすべて満たされた場合であり（民法388条）、法定地上権の成立した建物の底地部分の価値は著しく減額されます。

① 抵当権設定時に建物が存在する。
② 抵当権設定時に土地と建物の所有者が同一である。
③ 抵当権行使により、土地と建物の所有者が別になる。

本件の場合、抵当権設定時は更地状態であり、地上に建物が存在しなかっ

たことから、その後に建築された建物に法定地上権は成立しません（最判昭和36年2月10日民集15巻2号219頁）。

しかし、現実問題として、建物付土地より処分しやすい更地のほうが担保価値は高いため、建物部分に抵当権設定登記を受けられない場合は広い意味で信用保証協会に損害が生じる可能性があります。

したがって、金融機関としては、更地の上に建物が建築されたことを知った場合には信用保証協会に対して直ちに通知したうえで、適切な措置を講じるべき信義則上の義務を負っているものと解されます。担保物件の変化に気づかずに放置していた場合は、保証免責の問題が生じるでしょう。

(2) **更地を保証条件担保としたが、当初から未登記建物が存在した場合**

この場合、上記(1)よりも事態は深刻です。

土地に抵当権設定登記を受けた時点ですでに存在した未登記建物には法定地上権が成立し、未登記建物の譲渡を受けた者が所有権保存登記を行った場合も、法定地上権を土地競落人に対抗できます（最判昭和44年4月18日判例時報556号43頁）。

当該建物について抵当権の追加設定を受けることができずに土地について抵当権を実行・換価した場合、抵当権者への配当は当該土地の更地評価額の10％程度（地上建物が堅固建物の場合）から30％程度（地上建物が非堅固建物の場合）となることが予想されます。

その結果、信用保証協会は多額の損害を被ることとなり、損害として実現した部分は保証免責の対象となります。この場合でも金融機関の管理に過失がないと認定された場合は保証免責とはなりませんが、通常、金融機関が不動産に抵当権の設定を受ける際には、不動産の現地確認をはじめ、さまざまな手段で調査を行いますので、その過程で未登記建物の存在を見落とすとは通常考えられず、保証免責は免れません。

(3) **建物が完成した場合には当該建物を担保として徴求する旨の保証条件を付されていたが、当該建物を担保として徴求できなかった場合**

借り手側の事情により建物が建築されなかった場合、その事情について金

融機関側に過失がなければ、保証免責の対象とはならないものと解されます。建物は建築されたが借り手側の事情によって抵当権の設定を受けることができなかった場合も同様に考えられますが、現実に建物が建築されたにもかかわらず、金融機関がそれを放置して何の対策も講じない間に、他の債権者のために当該建物に抵当権の設定登記がなされてしまった場合には、金融機関に過失ありとされ、保証免責の対象となる可能性があります。この場合、(1)で解説したとおり建物には法定地上権が成立しないものの、本来は建物部分から得られるはずの競売配当が得られず、信用保証協会は損害を被るからです。

　また、建物が完成した場合、所有権の帰属を確認することも大切です。たとえば、法人の事業所建設のための資金を融資した場合、事業所である建物について抵当権を設定できたとしても、建物が法人名義でなければ資金使途違反を理由に保証免責の問題が浮上します。この場合は、現実に発生した事態についての金融機関の故意や過失の有無とその程度に加え、担保権行使によって信用保証協会に損害が生じたか否かが判断のポイントとなるでしょう。

(4) 不動産への抵当権設定日よりも先に法定納期限が到来する租税債権が存在した場合

　この場合、租税債権の滞納処分として当該不動産に対する差押えがなされると、たとえ金融機関が抵当権設定登記を受けていても租税債権が優先することとなり、担保処分による配当はその分だけ減額されるか、まったく配当を受けることができない事態もありえます。

　抵当権設定登記日よりも先に法定納期限が到来した租税債権の存在について、金融機関が過失なくそれを知りえなかった場合は保証免責の対象とはされませんが、金融機関が融資を行う場合、抵当権設定者の納税状況を確認することは「常識」とされていますから、納税状況の確認を怠った結果、租税債権の存在を知りえなかったことについて過失なしと主張することは困難でしょう。一方、抵当権設定者から提出を受けた納税証明書が巧妙に偽造されたものであった等の事情がある場合には、金融機関の過失の有無について別途検討されることとなるでしょう。

29　故意または重大な過失による取立不能

Q 保証免責事由のうち、「故意または重大な過失による取立不能」とは何ですか

A 金融機関が融資債権の保全・管理のために当然果たすべき注意や行動を合理的な理由なしに怠った結果、信用保証協会に損害が生じた場合をいいます。それによって信用保証協会に損害が生じた部分が保証免責の対象とされます。

------解　説------

1　「故意または重大な過失による取立不能」による保証免責とは

　金融機関は信用保証協会に対し、保証付融資の債権管理・保全について、融資実行直後から「善管注意義務」を負っています（約定書例9条1項）。そして、延滞または事故報告書提出事由が発生した場合には（延滞については事故報告書提出事由とされていない場合の1回目からを含む）、債権回収にあたってプロパー融資債権と保証付融資債権を同等（公平）に取り扱う「同等管理義務」を負います（約定書例9条3項、図表14）。

　金融機関がこうした善管注意義務や同等管理義務の履行を「故意または重大な過失」によって怠った結果、信用保証付融資債権の回収が不可能となった場合、「故意または重大な過失による取立不能」を理由とする保証免責とされるのです（約定書例11条3号）。保証免責の対象は原則として信用保証協会が受けた損害の範囲ですが、信用保証制度の趣旨・目的に抵触する場合には全部免責となります。

　ここで重要なのは、「善管注意義務」とは、金融機関として一般的に期待されるレベルでの債権管理がなされていることを前提としているということで

図表14　金融機関が負う保証付債権の管理・保全義務

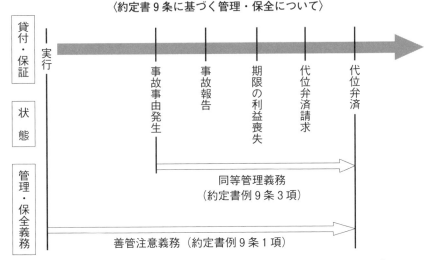

※事故事由……事故報告書提出事由（ただし、延滞については1回目から）
（出典）　全国信用保証協会連合会「約定書例の解説と解釈指針」（金法1818号32頁）

す。万一、金融機関の実態がそうでない場合は、信用保証協会の保証を利用するにあたって債権管理のあり方を根源的に改善することが必要となります。

> **約定書例第9条（債権の保全、取立）**
> 　金融機関は、常に被保証債権の保全に必要な注意をなし、債務履行を困難とする事実を予見し、又は認知したときは、遅滞なく信用保証協会に通知し、且つ適当な措置を講じるものとする。
> 2．金融機関は、被保証債権について債務者に対し期限の利益を喪失せしめたときは、直ちに信用保証協会に通知するものとする。
> 3．金融機関は、債務者が被保証債権の履行期限（分割履行の場合の各履行日を含む）に履行しない場合には、信用保証協会の保証していない債権の取立と同じ方法をもって、被保証債権の取立をなすものとする。

2 「故意または重大な過失による取立不能」による保証免責の代表例

「故意または重大な過失による取立不能」による保証免責の代表例は次のとおりとされています（「約定書例の解説と解釈指針」金法1818号46～47頁）。

(1) 担保保存義務違反があった場合

信用保証協会から保証を受けている金融機関は、同協会に対して民法504条による「法定代位者のための担保保存義務」を負っています。したがって、金融機関が信用保証協会の承諾を得ないで担保契約の解除等を行った場合、当該担保が保証条件とされているか否かにかかわらず、信用保証協会は民法504条および約定書例11条3号に基づき、当該担保契約の解除等によって損害を受ける限度において責任を免れます。

> **民法第504条** 第500条の規定（筆者注：弁済をするについて正当な利益を有する者は、弁済によって当然に債権者に代位する）により代位をすることができる者がある場合において、債権者が故意又は過失によってその担保を喪失し、又は減少させたときは、その代位をすることができる者は、その喪失又は減少によって償還を受けることができなくなった限度において、その責任を免れる。

後日、保証免責となる事態を避けつつ、担保契約の解除に応じるためには、信用保証協会との間で次のような手続をとる必要があります。

まず保証条件となっている担保の解除等にあたっては信用保証協会の承諾を必要とし、保証条件変更手続を要します。それを怠って担保解除等に応じた場合は、「保証契約違反」（約定書例11条2号）で保証免責とされます。

次に、保証条件外の担保を解除する場合は以下によります。
① 事故報告書提出事由または延滞が発生している場合……この場合、金融機関は必ず信用保証協会と協議のうえで担保契約の解除等に応じなければ

なりません。なお、延滞を原因とする事故報告書の提出は、定められた延滞回数が発生した場合（2回または3回以上）に必要とされますが、担保契約の解除にあたっては1回の延滞が発生しているだけでも信用保証協会との協議が必要となります。

② 事故報告書提出事由または延滞が発生していない場合……当初の約定返済を正常に履行している借り手については、信用保証協会との協議を必要としません。ただし、保証付融資の返済条件を緩和する条件変更契約を締結ずみの借り手の場合は評価の分かれるところです。この場合は、たとえ条件変更後に延滞が発生していなくても、信用保証協会との事前協議の対象とすべきでしょう。

(2) **法的整理の債権届出を失念した場合**

保証付融資の借り手、連帯保証人、割引手形の支払人が、破産、民事再生手続、会社更生手続などの法的整理に入った場合、債権者である金融機関は法律で定められた期間内に管財人に対して債権届出をする必要があり、届出対象は保証付き・保証なしを問わずすべての債権とされます。

一般的に債権届出期間までに保証付債権について代位弁済を受けることはなく、融資債権として残っていますが、「いずれ代位弁済を受けるだろうから、債権届出の必要はない」との判断は誤りです。

債権届出期間内に届出されなかった債権は法的整理手続の対象とされず、破産配当の受取りや一般再生債権等としての弁済を受けることができないため、それによって信用保証協会が被った損害が保証免責の対象とされます。

(3) **金融機関が自己の債権のみの回収を図り、信用保証協会の保証付債権を放置した場合**

約定書例9条3項の「同等管理義務」に違反する場合です。プロパー債権と信用保証協会の保証付債権が併存する融資先について、意図的にプロパー債権についてのみ弁済を督促し、保証付債権を放置することが典型例です。ほかにも、たとえば、期限の利益喪失時に存在する借り手や保証人の預金と貸金を相殺する場合はプロパー債権優先とのルールがありますが、それ以降に

成立した預金との相殺は債権額に応じて按分充当すべきですし（Q15参照）、期限の利益喪失前にプロパー債権と保証付債権がともに延滞しており、督促の結果、延滞部分の一部について弁済を受ける場合も按分充当すべきです。

(4) **事故報告書提出事由発生後に借り手または保証条件である保証人の固定性預金が払い戻された場合**

延滞や事故報告書提出事由の発生後、固定性預金の払出しに応じることができる場合は、それが借り手の事業の存続等に必要な資金として利用される場合に限定され、それ以外の場合に払出しに応じることはできません。そして、事業の存続等に必要な資金との確証が得られた場合であっても、払出しにあたっては事前に信用保証協会との協議が必要です。

事前協議を怠って払戻手続をとった場合、または事故報告書提出事由が発生しているにもかかわらず、債務者や保証人の固定性預金の存在に気づかず払い戻されてしまった場合は「故意または重大な過失」があると評価されて保証免責の対象とされます。

(5) **工事代金引当融資において、借り手の口座に入金された工事代金が弁済に充当されることなく払い出された場合**

この場合、金融機関が預金の払出しを止めて工事代金を融資の弁済に充当することができなかったことにつき、合理的な理由がある場合は保証免責の対象とされません。しかしながら、工事代金債権について債権譲渡担保契約を締結せず、たんに工事代金を返済に充てることのみ約束されている場合、金融機関が借り手の預金口座に入金された工事代金の払出しに漫然と応じることは通常考えられません。したがって、借り手が法的整理手続に入った後に工事代金が入金された等のきわめて限定的な場合を除いて、保証免責とならない状況は想定できません。返済原資となる資金の管理は厳格に行う必要があります。

3 工事代金を確実に弁済充当させる方法

2(5)のテーマについて、もっと根源的な問題として、当該工事代金を融資

した金融機関の借り手の口座に確実に入金させるにはどうすべきかという問題があります。工事代金債権を返済引当として融資した場合、返済をより確実に履行してもらうためには当該工事代金債権を譲渡担保として取得（当然に第三者対抗要件具備）することが望ましく、次いで当該工事代金債権の第三債務者を契約当事者に加え、金融機関が工事代金を代理受領する内容の契約を締結することが考えられます。信用保証協会の保証条件としてこれらの保全措置が明示されている場合は、当然にそれを実行したうえで融資を実行すべきです。問題となるのはそのような保証条件が付されておらず、工事代金債権の弁済充当が融資した金融機関に委ねられており、かつその履行に一抹の不安を伴う場合でしょう。そのような場合に限って、債務者は債権保全交渉の場をもっても債権譲渡担保契約や代理受領契約の締結に難色を示すことが多く、金融機関としてはむずかしい判断を迫られることがあります。

　そのような場合、万全の措置とはいえませんが工事代金の振込指定契約を締結する方法があります。振込指定契約に基づき、破産手続開始を申し立てた債務者の預金口座に振り込まれた代金によって成立した預金債権を融資債権に相殺充当した事例で、「当該預金債権は、あらかじめ締結済の振込指定契約に基づく振込によって成立したもので「前に生じた原因」（破産法71条2項2号）のため相殺禁止対象とならない」とされた裁判例（名古屋高判昭和58年3月31日判例時報1077号79頁）がみられます。

　この方法を選択する際には、振込指定契約を債務者と金融機関の二者間のみで締結するのでなく、第三債務者も契約当事者とし、「債務者と金融機関双方から振込指定先の変更申出がなされない限り、契約で定めた口座に振込む」との条項を加えて第三債務者と書面による約束をしておくことがポイントです。もっとも、振り込まれた時期が債務者について破産手続開始が決定した後の場合、もはや融資債権との相殺は不可能（破産法71条1項1号）のため、この債権保全措置は補完的なものにすぎません。

要素の錯誤

Q 要素の錯誤による保証の無効とは何ですか

A 保証付融資を受けた借り手が中小事業者としての実体を伴わない場合や、反社会的勢力に属する場合に、信用保証協会からは要素の錯誤を理由とする保証契約の無効が主張されることがあります。そして、いずれの場合についても最高裁判所の判断が出されました。

------解 説------

1 錯誤による保証契約の無効

　信用保証協会による保証制度は、中小事業者の金融円滑化の実現を目的としています。このため、保証を受けた借り手に中小事業者としての実体がなかったことや、反社会的勢力に属していたことが契約締結の後になって判明した場合に、信用保証協会が保証契約を締結する際の重要な前提に勘違いがあった（要素の錯誤）として保証契約の無効を主張することがあります（民法95条）。

　このうち、債務者が反社会的勢力に属することが事後的に判明した場合に信用保証協会による保証の有効性が争われた事件で、最高裁は要素の錯誤への該当性を否定しました（最判平成28年1月12日民集70巻1号1頁）。

　すなわち、最高裁は同事件を「動機の錯誤」の問題としたうえで、「動機はたとえそれが表示されても、当事者の意思解釈上、それが法律行為の内容とされたものと認められない限り、表意者の意思表示に要素の錯誤はない」との一般論のもとで、「債務者が反社会的勢力でないことは主債務者に関する事情の一つであり、当然に保証契約の内容となっているとはいえないこと、金融機関と信用保証協会という両当事者の属性から、主債務者が反社会

的勢力であることが事後的に判明する場合が生じることを想定でき、その場合に保証債務を履行しないこととするのであればその旨をあらかじめ定めるなどの対応を採ることも可能であったにもかかわらず、基本契約およびそのもとでの各保証契約等にその場合の取扱いについての定めが置かれていないことからすると、主債務者が反社会的勢力でないという点に誤認があったことが事後的に判明した場合に本件各保証契約の効力を否定することまでを当事者双方が前提としていたとはいえないこと等から、主債務者が反社会的勢力でないことという保証人（信用保証協会）の動機は、それが明示または黙示に表示されていたとしても、当事者の意思解釈上、これが当該保証契約の内容となっていたとは認められず、保証契約の意思表示に要素の錯誤はない」と判示しました。

また、借り手が中小事業者としての実体を伴わない場合についても、同様の判決理由により要素の錯誤には該当しないと判示されました（最判平成28年12月19日金法2066号68頁）。

したがって、借り手が中小事業者としての実体を伴わないことや、反社会的勢力であることが事後的に判明した場合については、現行の約定書その他を前提とする限り、金融機関と信用保証協会との間で結ばれた保証契約は有効となると考えられます。

2 保証契約違反による保証免責

また、信用保証協会による「保証契約違反による保証免責」との主張につき、平成28年1月12日判決は、主債務者が反社会的勢力でないことそれ自体が金融機関と信用保証協会との間の保証契約の内容にならないとしても、本件基本契約上の付随義務としての調査義務が存在すると指摘し、金融機関がそれに違反して保証契約が締結された場合には保証契約違反に当たるとしました。保証契約違反に当たるかどうかは「主債務者が反社会的勢力であるか否かについて、その時点において一般的に行われている調査方法等に鑑みて相当と認められる調査をすべき義務の履行の程度により判断される」として

います。

　そして、保証契約違反の有無につき審理を尽くすよう高裁へ差し戻された複数の事件のうちの1件について、東京高裁は以下のとおり事実認定し、保証契約違反はないという判断を下しました（東京高判平成28年4月14日金法2042号12頁。なお、その他の2件の差戻し審の結論も同趣旨）。

① 　金融機関の持株会社がグループ会社の反社会的勢力等に関する情報を一元的に管理する部署を設立している。
② 　反社会的勢力に係る情報をさまざまな手段で収集し、データベースを構築している。
③ 　融資取組みに際しては、融資先情報について上記データベースへの登録の有無を確認する審査体制が構築されており、本事件でもそれが履行されている。
④ 　かかる事実は、反社会的勢力についての政府関係機関における指針等（注）の内容に照らし、調査内容は相当と認められる。

（注）　政府関係機関における指針等
　　　・犯罪対策閣僚会議「企業が反社会的勢力による被害を防止するための指針」（平成19年6月19日）
　　　・金融庁「主要行等向けの総合的な監督指針」（平成20年3月26日改訂）

　なお、平成28年12月19日判決では、「保証契約違反による保証免責」が争点となっていないようですが、裁判所は判決理由のなかで「一般論」としつつも、保証契約締結に先立って借り手の信用調査を十分に行うべき金融機関の義務について言及しています。しかも、反社会的勢力に係る判決で言及している「その時点において一般的に行われている調査方法に鑑みて相当と認められる調査」との限定は加えられておらず、この点は注目すべきです。
　すなわち、反社会的勢力の該当性についての調査手段が限られているのに比較し、中小事業者としての実体の有無については多くの調査手段が用意されており、金融機関に対しその履行を求めているものと解されます。

31 反社会的勢力との取引排除

Q 借り手が反社会的勢力に属するかどうかを見極めるための効果的手段は何ですか

A 取引開始時に反社会的勢力のデータベースを検索するのみでは完全な水際排除は期待できず、特にデータ蓄積が進んでいない法人についてはその可能性が高いといえます。取引見込先への訪問と面談が欠かせません。

──────────────── 解 説 ────────────────

1 金融機関として「相当な調査」をすべき義務

　企業において反社会的勢力との関係遮断の取組みが浸透するに伴い、彼らの行動そのものが変化しつつあるといわれています。すなわち、従前の主要な収益源であった「みかじめ料の徴収」等のシノギが困難視されることから、正業を装ったビジネスの世界に進出し、反社会的勢力の特徴を消そうとしているとされており、金融機関の新規融資先開拓活動でこれらのブラック企業に出くわす機会の増加が懸念されるところです。

　Q30の最高裁判決は、反社会的勢力に対して信用保証協会の保証付融資を行ったことが「保証契約違反」となるか否かについて「主債務者が反社会的勢力であるか否かについて、その時点において一般的に行われている調査方法等に鑑みて相当と認められる調査をすべき義務の履行の程度により判断される」としています。「相当な調査」の判断基準は今後変化する可能性があり、融資取組みに際して反社会的勢力に係るデータベースと照合したことをもって「相当な調査」をすべき義務を果たしたとする差戻し審での判断が将来にわたって通用するとは限りません。

2 実効的な取引見込先訪問と面談

　では、金融機関としては、反社会的勢力との取引を避けるためにどのようなことを行えばよいのでしょうか。

　今日、ほとんどの金融機関で新規融資の判断に際して反社会的勢力に係るデータベースの検索を行っているはずであり、それでも信用保証協会との間で反社会的勢力に対する保証の有効性をめぐる多くの紛争が生じているという事実は、情報検索のみでは反社会的勢力の完全排除が困難であることを物語っています。まして法人については個人ほど反社情報が蓄積されておらず、正業を装った法人が登場した場合、情報検索の効果にそれほど期待できません。そのような場合、法人の登記事項証明書に登記された取締役、監査役等の役員をデータ検索の対象とする方法が考えられますが、反社会的勢力に属する人物が役員として表に登場せず、陰で活動している場合にはデータ検索の効果は期待できません。

　一方で、取引開始に際して時間的余裕に乏しい預金口座開設とは異なり、新規融資先の開拓活動（未取引先から融資申出を受けた場合を含む）では時間的余裕があるため、種々の手段によって相手先を調査することが可能です。

　筆者は、反社会的勢力との取引を避けるためには「実効性に富む取引見込先訪問と面談」を実施することが重要だと考えています。金融機関職員は数多くの正常な融資先との接点をもち、訪問や面談を重ねた経験があるため、正業を装った反社会的勢力を見抜くことはそれほど困難ではないはずです。

　この点につき、森原憲司弁護士が「金融機関の融資取引再確認」（銀行法務21 799号10頁）で訪問面談時のチェックリストを発表しており、これに筆者の経験を加味したものが図表15です。筆者の経験から、反社会的勢力が営む事業は「金融業」が多く、その観点を含むチェックリストとなっています。たとえ反社会的勢力の属性要件を満たさない者であっても、無免許の高利貸や闇金融業者が金融機関の正常な融資先としてふさわしいとは思えないからです。

図表15 取引見込先訪問・面談時の反社会的勢力チェックリスト

No.	項　目	ポイント
1	会社所在地が当該業種とマッチしているか	工業団地付近での異業種や、辺鄙な場所でのサービス業等
2	工場や事務所設備、従業員数等が書面申告を受けている内容と矛盾しないか	貧弱な設備、極端に少人数の従業員。申告を受けた年商の実現が困難視される場合、金融業等の異業種の可能性あり
3	会社が自宅兼用となっていないか	必ずしも否定的な要素ではないが、自宅兼用に合理性のあることが必要
4	事務所ロッカーに格納された書類ファイルの数量、背表紙表示	申告を受けた業種との矛盾点や違和感はないか
5	工場や倉庫に保管されたパッケージの名称表示	申告を受けた仕入れ先・販売先の社名表示はみられるか
6	会社の内装に違和感はないか	業種に不釣り合いの派手な内装はないか
7	会社の調度品に違和感はないか	業種に不釣り合いの調度品。神棚に「代紋」の表示等
8	保有車両に違和感はないか	申告を受けたビジネスに不釣り合いの高級外車はないか
9	防犯カメラの有無	設置場所に合理性を欠く防犯カメラの存在はないか
10	エレベーター同乗者の風体や会話内容	異常な風体や会話内容はないか。金融業の債務者風の人物はいないか
11	トイレの状況	共用トイレの場合、オフィスと異なり緊張感に欠け、荒い言葉での会話あり
12	役員の風体、言葉遣い、常時濃色の長袖シャツの着用	濃色長袖シャツ着用は刺青を隠す目的あり
13	携帯電話の複数使用	複数使用は合理性に欠ける。不正目的利用の可能性あり

14	金融業を推定させる現象	貸金業免許証の掲示、債務者風の顧客の出入り
15	申告を受けた「物・金の流れ」とは逆の手形、従前にない多額の手形の割引・取立依頼	融通手形の可能性がきわめて高い
16	年金担保融資を受ける顧客の多数紹介行為	貸金業者の債権回収の常套手段

32　融資金詐欺

Q 保証付融資先に中小事業者の実体がなく、融資金詐欺であった場合に、保証契約の有効性はどうなりますか

A 借り手に中小事業者の実体がなく、融資金詐欺であった場合でも、現状の保証制度では要素の錯誤による保証契約の無効は認められないとするのが判例の立場です。しかしながら、金融機関による借り手の十分な信用調査が必要であることに変わりはありません。

------解　説------

1　融資金詐欺事案の保証契約の有効性

　信用保証協会の保証を受けた借り手に中小事業者としての実体がなく、当初から融資金を詐取する目的であったという事件は、これまで多数発生しています。そして、「要素の錯誤」（民法95条）等を理由とする保証無効についての下級審の裁判例も多数公表され、その判断が分かれていましたが、最高裁の自判した事件によって結論が出されました。

　判決の対象となった事件（最判平成28年12月19日金法2066号68頁）は、信用保証協会の保証付融資を申し込んだ借り手が、融資を受ける前に他社へ事業譲渡し、融資契約締結の時点では事業実体がない状態であったところ、約定弁済を遅滞し、銀行の請求により代位弁済に応じた信用保証協会が、保証契約の意思表示に要素の錯誤があったとして保証契約無効を主張したものです。

　信用保証協会の請求を認めた原審の判断に対し、最高裁は以下の判決要旨により銀行敗訴部分を破棄しました（判決要旨・金法2066号69頁）。

　「信用保証協会と金融機関との間で保証契約が締結され融資が実行された

後に主債務者が中小企業者の実体を有しないことが判明した場合において、上記保証契約の当事者がそれぞれの業務に照らし、上記の場合が生じうることを想定でき、その場合に信用保証協会が保証債務を履行しない旨をあらかじめ定めるなどの対応を採ることも可能であったにもかかわらず、上記当事者間の信用保証に関する基本契約および上記保証契約等にその場合の取扱いについての定めが置かれていないなど判示の事情のもとでは、主債務者が中小企業者の実体を有することという信用保証協会の動機は、それが表示されていたとしても、当事者の意思解釈上、上記保証契約の内容となっていたとは認められず、信用保証協会の上記保証契約の意思表示に要素の錯誤はない」。

この判決における「要素の錯誤」に係る保証契約の有効性の解釈は、借り手が反社会的勢力に属する者であった場合の判断と同一であり（Q30）、この問題についての終止符が打たれたものと判断されます。

しかしながら本事件の判決では、一般論として（事件の争点にはなっていない）、「金融機関は信用保証に関する基本契約に基づき、主債務者が中小企業者の実体を有するものであることについて、相当と認められる調査をすべき義務がある」としており、このため金融機関がこれを怠ると「保証契約違反」による保証免責問題が浮上することが想定されます。しかも、主債務者が反社会的勢力に属した事件で争点とされた保証契約違反の場合、最高裁は主債務者に関する調査の程度について「その時点において一般的に行われている調査方法等に鑑みて相当と認められるものであること」を金融機関に求めていますが、本判決では調査の程度について限定を加えていない点が注目されます。

2 慎重な信用調査は融資業務の基本事項

金融機関が中小企業者としての実体に欠ける債務者（融資金詐欺犯に該当する）に対する融資をすべきでないことは当然であり、とりわけ新規融資見込先については慎重な信用調査を行ったうえで融資に取り組むことが基本姿

勢といえます。上記の判例が説くところを実務の指針とし、信用保証協会の保証付きであることに安住し、信用調査をおろそかにすることは禁物です。いうまでもないことながら「債務者の信用調査を多面的に、かつ深く行う」という融資業務の基本事項を忘れてはなりません。

33 保証債務履行請求権の存続期間

 金融機関が信用保証協会に代位弁済を請求できるのはいつまでですか

 金融機関が信用保証協会に対して代位弁済請求ができる期間は、最終履行期限（期限の利益を喪失した場合は喪失日）後2年間であり、この期間経過後は代位弁済請求ができません。

------解 説------

金融機関と信用保証協会が締結した約定書では、次のとおり定められています（約定書例7条）。ここで「最終履行期限」とは、保証付融資の当初約定で定められた最後の返済期日のことです。ただし、借り手が期中に期限の利益を喪失したら、喪失日が基準日となります。

> 第7条（保証債務履行請求権の存続期間）
> 　金融機関は、最終履行期限後2年を経過した後は、信用保証協会に対し保証債務の履行を請求することができない。

保証債務履行請求権の存続期間である2年間は除斥期間と解され、消滅時効のように途中で中断されることはありません。

また、金融機関が借り手について期限の利益の当然喪失事由が発生したことを知らなくても進行するものと解されます。たとえば、他行で発生した不渡りにより借り手が手形交換所の取引停止処分を受けた事実を知らずに、当該借り手と融資取引を続けていた場合等がこれに該当します（東京地判平成14年12月18日判例時報1821号35頁）。

信用保証協会に対して事故報告書の提出や代位弁済請求の打診を行ったと

ころ、同協会から出された質問事項に直ちに回答できないような場合であっても、保証債務履行請求権の存続期間が迫っている場合は、とりあえず書面で代位弁済請求しておくことが必要です。

(参考:「信用保証協会の保証」5-2-5)

34 紹介融資

 紹介による保証付融資の問題点は何ですか

 既存の取引先等から紹介された新規の取引先に対する保証付融資に取り組む際には、借り手の信用調査を十分に行うのはもちろんのこと、紹介元の人物が信頼できるかどうかを検証する必要があります。

----------------------解　説----------------------

　信用保証協会の保証付融資の増強策として、金融機関が自らの営業活動で開拓した新規融資先のほかに、取引先等から紹介を受けた新規融資先に対する融資を検討することがあります。

　既存の取引先から紹介を受けることで比較的簡単に多くの融資先を見つけることができるのは魅力的ですが、往々にしてこの種の紹介融資で多額の債権未回収が発生し、金融機関が損害を被ります。それらの事案に共通している点は、紹介をする人物（紹介元）自身が金融機関の取引先として本来ふさわしくない人物であったということです。

　したがって、紹介案件の採択検討に際しては、融資予定先の信用調査を十分に行うことはもちろんのこと、紹介をした人物が取引先としてふさわしく、信頼の置ける人物かどうかを検討してみることが必要です。そして、紹介をした人物に問題ありと判断された場合は、融資予定先の信用状況を調査するまでもなく謝絶すべきでしょう。

　こうした原則は、保証付融資、プロパー融資の別なく共通のものです。「保証付融資だから」という安易な気持ちで融資に取り組むと思わぬ落とし穴に嵌ることになります。最も典型的な例としては、金融業を営む者からの紹介で取り組んだ融資の融資金が当該紹介者の貸金債権回収に充当されることがあります。このようなケースでは、金融業者が債権回収を危ぶんだ融資

第2章　信用保証協会の保証制度を利用するための基礎知識　115

先（当然に信用状態は劣悪）への貸付債権を金融機関が肩代わりすることを意味し、債権回収に懸念が生じるのはもちろんのこと、それが信用保証協会の保証付融資であれば典型的な資金使途違反として保証免責とされるのが確実視されます。

35　債権管理上の注意事項

Q　保証付融資の債権管理で最も注意すべき事項は何ですか

A　保証付融資とプロパー融資とで各債権管理項目の重要度に差はありません。ただし、保証付融資の場合、誤りが発生しやすい項目について特に注意する必要があります。

------解　説------

　保証付融資は無担保でありながら、信用保証協会の連帯保証で保全されており、金融機関は大きな利益を得ています（ただし、責任共有制度で部分保証方式の場合は80％部分のみ保証、負担金方式の場合は全部保証ですが、金融機関に事後的に20％相当分の負担金支払が生じる）。

　しかしながら、金融機関はその代償として信用保証協会に対して保証付融資債権の管理・回収に関して種々の義務を負っており、それらを怠ると保証免責とされ、代位弁済を受けられないこととなります。住宅ローンの場合、金融機関は弁済が延滞するまで特段の債権管理上の措置をとる必要がありませんが、保証付融資にはこれまで解説したとおり、多くの債権管理上の留意点があるのです。しかも、それらの必要とされる債権管理上の措置を怠ったり、誤った処理をした場合（旧債振替がその代表例）、問題が表面化するのは何年も後のことであり、その時点で誤りを修正することは事実上不可能で、融資した金融機関の損害に直結するのです。

　したがって、保証付融資の債権管理レベルは、プロパー融資を上回る必要があることを認識してください。保証付融資の債権管理にあたって、特に留意すべき事項を図表16に示します。これらの項目は、最低限履行しなければならないものであることを認識してください。

　また、「旧債振替」や「資金使途違反」等についての認識が薄い融資先の

図表16　信用保証協会の保証付債権の主な管理項目

時　期	設備資金	運転資金
融資取組み時	設備購入先への振込みによる代金支払 多額の現金払戻しは不可 既存融資の旧債振替は不可 設備購入代金の領収書原本確認	多額の現金払戻しは不可 既存融資の旧債振替は不可
1カ月後	現地訪問し購入設備を確認	
直後の決算	決算書に購入設備の資産計上を確認	
正常取引	条件外担保・保証人の解除（信用保証協会との協議不要）	
延滞発生	延滞発生・返済督促→全額延滞解消できない一部弁済はプロパー融資と按分充当 条件外担保・保証人の解除（信用保証協会の事前承諾が必要） 延滞回数2回または3回累積→事故報告書提出 その他事故報告書提出事由が発生した場合も必ず提出	
期限の利益喪失90日後	期限の利益喪失→信用保証協会へ報告（請求喪失の場合は事前協議） 預金相殺はプロパー優先充当 期限の利益喪失後の回収は按分充当 代位弁済請求 代位弁済受領　債権回収 担保の信用保証協会への移転	

存在も予想されることから、信用保証協会の保証付きで融資した際には、念のために文書にて留意事項を案内しておくことが、事故防止のために効果的です。その文例は図表17のとおりです。そして、資金使途違反を事後的に発見し、その是正を債務者に求める場合、是正されなければ信用保証協会から新たな保証を得ることが困難視されることを通知すべきですが、期限の利益喪失に踏み切るか否かについては慎重な判断を要することはQ25で解説したとおりです。

図表17　保証付融資先への案内文例

お客様各位

〇〇銀行

　この度は信用保証協会保証付融資に弊行をご利用いただき、誠に有難うございます。
　ご融資金の使途等につき以下の通りご配慮いただきますよう、宜しくお願い申し上げます。

1．資金使途について
予めご申告いただきました内容の通りに融資金を充当して下さい。

資金使途	融資金の充当　等
設備資金	①予めご申告いただいた内容の設備購入に充当して下さい。 ②設備購入先発行の領収書のご提示、新規設備の見学等にご協力下さい。
運転資金	①事業（本業）に充当して下さい。 　（支払手形の決済　買掛債務の支払　従業員給与支払　等） ②極力、弊行の預金口座を利用した支払をお願い致します。 ③その他「特定の資金使途」を予めご申告いただいている場合は、当該使途に充当して下さい。

2．禁止事項
融資金を以下の通り充当することは禁止事項です。

充当方法	理　　由
有価証券投資等への充当	事業運営に充当いただくことが必要であり、有価証券投資等の事業運営に関係の薄い資金充当は控えて下さい。
他の借入金の返済充当	①弊行、他金融機関を問わず、既に借入されているものへの返済充当や、不渡りとなった割引手形の買戻資金への充当は禁止事項です。 ②但し以下の場合は返済充当が可能です。 ・予め信用保証協会の承諾を得ている場合。 ・毎月の一定額の分割返済への充当（但し、期日一括返済や、分割返済の最終回に多額の返済を行う場合の返

| | 済充当は禁止事項です。 |

3．その他
① 信用保証協会による保証は、無担保（場合によっては有担保）での資金調達を可能とする制度であり、中小事業者の皆様にとって貴重な存在と認識しております。
② 金融機関にとっても、無担保でのご融資が可能な制度であり、利便性が高い一方、ご融資先の融資金充当が適切に行われることを確認すべき義務を信用保証協会に対して負っています。
③ これらの制度趣旨をご理解いただき、ご協力をお願い致します。

以上

ご照会先
○○銀行○○支店
TEL：○○○○　担当者○○

第 3 章

事 例 研 究

本章では、信用保証協会の保証制度を利用した融資取引において、現実に発生する可能性が高い代表的な問題事例と、それらへの対応を紹介します。第2章の基礎知識を参照しつつ、自分が当事者だったらどのように対応するかを考えながら読んでみてください。

事例研究 1　キャッシュフロー分析

X銀行P支店の融資担当者Aは、融資先の㈱甲商会から、信用保証協会の保証付融資5,000万円の返済条件を緩和してほしいという申出を受けた。Aは甲商会について、企業規模は小さいながらも財務内容は良好で、優良企業であるという認識をもっていた。返済条件緩和の申出があった融資取引も営業担当者が日参して甲商会に勧誘した結果、6カ月前にようやく実現したばかりのものだったため、今回の申出は意外であった。今回の申出について、Aが検討すべき事項は何であろうか。なお、甲商会から提出を受けている決算書の概要は別表のとおりである。

● 参照：第2章Q7

解　説

1　融資契約の返済条件緩和申出は、借り手のキャッシュフローに問題が生じた場合に、不足資金の追加借入れが困難であることから、次善の策として行われることが多いといえます。そして、返済条件緩和の申出は、借入残高が多く、条件緩和によってキャッシュフローに余裕を生む効果がより多く期待できる主力行・準主力行から始めるのが常套手段であり、わずか6カ月前に融資取引を開始したにすぎないX銀行に対する申出が先行するのはやや異常です。いずれにしても、まずは借り手のキャッシュフローのどこに問題が生じているのかを分析する必要があります。

2　甲商会から入手している決算書を利用したキャッシュフロー分析（間接法）による各キャッシュフロー（CF）の実数は以下のとおりです。

No.	CFの種類	CFの算出方法
1	営業CF （▲39）	税引後当期純利益（＋13）＋減価償却費（＋28）－売掛債権の増加額（＋7）－棚卸資産の増加額（＋58）－その他流動資産の増加額（▲1）＋買掛債務の増加額（▲7）＋その他流動負債の増加額（▲9）
2	投資CF （▲26）	前期固定資産（324）－当期固定資産（322）－減価償却費（28）
3	財務CF （＋48）	短期借入金増加額（＋55）＋長期借入金増加額（▲12）＋増資額（＋5）

3 各CFの評価は以下のとおりです。

No.	CFの種類	CFの内容分析
1	営業CF	営業CFマイナスの主要因は棚卸資産の増加にある。売掛債権・買掛債務の増減と比較するとかなり顕著な現象であり、その原因を分析する必要がある。最悪の場合、不良在庫または架空在庫を計上し、損失を隠している可能性がある。3種類のCFのうち、最も問題を秘めている可能性が高いと評価される。
2	投資CF	固定資産増減額は▲2であるが、当期の減価償却費28を加えると26の投資が行われ、その結果、投資CFは▲26となっている。投資額は減価償却費の範囲内であり、必ずしも不健全なものとは評価されないが、税引後利益の2倍の金額であり、投資内容についても確認しておく必要がある。
3	財務CF	CF自体は4,800万円の余剰を生じているが、その内容は長期借入れの減少による資金不足を短期借入れの増加でまかなっており、それでも現預金が1,700万円減少していることから、健全とは評価できない。今回の申出に照らすと、主力・準主力行の甲商会に対する融資方針に変化が生じている可能性がある。

4 Aはキャッシュフロー分析で認識した疑問点を甲商会に照会し、問題点をどのようにして改善・解消するのかについて説明を求め、その結果、返済条件緩和申出内容の妥当性と実現可能性に確信がもてたら、信用保証協会と協議のうえで可否決定すべきでしょう。返済条件変更について新たな信用保

別表　甲商会の貸借対照表

(単位：百万円)

	H27/3	H28/3	増減		H27/3	H28/3	増減
資産の部				**負債の部**			
（流動資産）				（流動負債）			
現預金	82	65	▲17	支払手形・買掛金	110	103	▲7
受取手形・売掛金	277	284	7	短期借入金	235	290	55
棚卸資産	303	361	58	その他流動負債	12	3	▲9
その他流動資産	19	18	▲1	（固定負債）			
（固定資産）				長期借入金	272	260	▲12
土地	146	146	0	その他固定負債	30	30	0
建物・機械装置	137	135	▲2	負債合計	659	686	27
無形固定資産	1	1	0	**純資産の部**			
投資有価証券	40	40	0	資本金	10	15	5
				資本剰余金	10	10	0
				利益剰余金	326	339	13
				資本合計	346	364	18
資産合計	1,005	1,050	45	負債・資本合計	1,005	1,050	45

（注1）　建物・機械装置の有形固定資産の表示方法は直接控除法（固定資産から減価償却費を直接減額する）を採用。
（注2）　H27年度の税引後当期利益：13　減価償却費：28

証書の発行を受ける必要がある場合は、それを受領後に甲商会との間で返済条件変更契約を締結します。

事例研究 2　旧債振替①

　X銀行P支店の外交員Aは、自身の担当先である個人事業者乙から、X銀行の融資利率が高いので何とかしてほしいとの申出を受けた。乙に対する融資は保証会社Z社の保証を得て取り組んだ一種の制度融資であり、適用利率も所定のものであるため、その変更は不可能であった。このため、Aは乙に対し「信用保証協会の保証付きで低利の融資に取り組み、現在の借入れを返済しましょう」と提案し、乙もそれを了承した。その後、乙は信用保証協会の保証を得て3,000万円（年利率2％）の融資をX銀行から受け、Z社保証付きの制度融資2,000万円（年利率6％）の全額を即日繰上返済した。その2年後に乙は手形交換所の銀行取引停止処分を受け、X銀行との融資取引について期限の利益を喪失したが、その時点で未返済の保証付融資残高は2,600万円であった。X銀行は信用保証協会から代位弁済を受けることができるであろうか。

● 参照：第2章Q21

---- 解　説 ----

1　本事例は旧債振替制限条項（約定書例3条）に抵触する典型的なケースであり、信用保証協会に代位弁済請求しても保証免責（約定書例11条1号）を主張されるのは必至です。

2　保証免責の範囲については、通常の旧債振替であれば、現実に旧債振替に充当された部分のみが対象とされます。本件では残債権2,600万円のうち、振替え充当分2,000万円を除く600万円（部分保証方式の責任共有制度のもとでは80％相当額の480万円）は代位弁済の対象となるはずです。

　これに対して、たとえば、金融機関が当初から自行の債権を回収する意図で計画的に信用保証協会の保証付融資を利用したような場合は、「信用保証

制度の趣旨・目的に照らして保証債務の全部について免責を認めるのを相当とする特段の事情」（最判平成9年10月31日民集51巻9号4004頁）があると考えられますから、2,600万円全額が保証免責されることになります。

　本事例ではX銀行の乙に対する保証付融資金で既存債権の回収を図るとの積極的意図はなく、「低利で借り換えたい」という借り手の意向に応じただけですが、Aの主導で旧債振替が行われたことに変わりはなく、それが事実認定されると保証免責となる可能性があります。保証免責の範囲等についてはX銀行と信用保証協会の協議によりますが、2,600万円全額について保証免責とされる可能性が高いものと判断されます。

3　本事例で、仮に乙に対する信用保証協会の保証付融資を実需の1,000万円にとどめ、Z社保証の制度融資をそのまま維持していれば、乙の破綻時の融資残高2,600万円（内訳：Z社保証付き1,800万円、信用保証協会の保証付き800万円と推定される）は、それぞれ代位弁済によって全額回収されたはずです（部分保証方式の責任共有制度のもとでは2割分相当額の160万円が未回収となる）。これに対し、本事例では2,600万円全額が未回収となりかねません。Aの軽率な行為が、このような重大な結果を招いたことを認識する必要があります。

事例研究 3　旧債振替②

　X銀行P支店では、㈲丙物産に対し、運転資金として信用保証協会の保証付融資3,000万円を実行し、融資金は同社の預金口座に即日入金された。

　丙物産に対しては既存の3件の長期プロパー融資があり、うち2件については、それぞれ毎月10万円の約定分割弁済4カ月分が残っていた。残る1件については過去に返済条件を緩和する内容の変更契約を締結しており、毎月5万円の約定分割弁済6カ月分と、最終弁済分200万円が残っていた。

　新規の保証付融資に際し、過去に実施したプロパー融資の返済条件緩和が問題となったが、返済条件変更契約は3年前に締結し、その後は1度の延滞もなく約定どおりに弁済されていたため、信用保証協会との事前協議では、新規保証の支障とはならない旨が確認されていた。

　その後、丙物産の預金口座に入金された保証付融資金は、その大半が支払手形の決済や買掛債務の支払のために消費されたが、既存のプロパー融資の約定分割弁済金も同じ預金口座から引き落とされた結果、すべての既存融資が保証付融資金によって返済されることになった。

　保証付融資実行から2年後、丙物産について破産手続開始が決定した。この時点でX銀行の保有する融資債権は保証付きの2,400万円だけであった。この状態でX銀行が信用保証協会に対して代位弁済を請求すると、どのような結果となるであろうか。

● 参照：第2章Q22

[解　説]

1　本事例では、X銀行が保証付融資の融資金を既存のプロパー融資債権の

弁済に充当しているため、旧債振替制限条項（約定書例3条）への抵触の有無とその範囲が問題となります。まず、保証付融資金によって弁済されたプロパー融資の金額は以下のとおりです。

・融資契約①　10万円×4カ月＝40万円
・融資契約②　10万円×4カ月＝40万円
・融資契約③　 5万円×6カ月＝30万円
　　　　　　最終回弁済　　200万円
　　　合　計　　　　　　　310万円

2　これらの弁済充当はいずれもかたちのうえでは旧債振替に該当し、かつてはその全額が保証免責（約定書例11条1号）の対象とされた時期がありました。しかしながら、全国信用保証協会連合会は平成19年8月に公表した「約定書例の解説と解釈指針」（金法1818号42頁）において、保証付融資金が既存の融資の約定分割弁済に充当されたとしても、それが「既存貸付の約定弁済に充当する意図をもって保証付貸付が利用されたのでない場合」は、「運転資金として利用されたのと同視でき、中小企業者の金融を図るために用いられたと考えられる」ことから、原則として保証免責とならないという見解を表明しました。もっとも、「既存貸付の約定弁済であっても、テールヘビーの最終しわ寄せ分、または期限一括弁済の決済にあてられた場合は、原則として旧債振替制限条項違反に該当する」としています。

3　これを本事例に当てはめると、3件の融資契約のうち、毎月5万円から10万円の約定弁済充当額合計110万円は旧債振替による保証免責の対象外とされる一方、最終回テールヘビー型返済分200万円については保証免責の対象とされることとなります。その結果、丙物産破綻時の保証付融資債権2,400万円のうち200万円は保証免責となり、残る2,200万円（部分保証方式による責任共有制度下では80％相当額の1,760万円）が代位弁済の対象となるでしょう。

4　複数の融資契約がある借り手について、毎月の約定返済が預金口座からの自動引落しとされている場合、金融機関としては弁済の延滞が生じなければ厳格なモニタリングの対象とはしないのが通例ですが、信用保証協会の保

証付融資に取り組んだ場合は、その融資金がどのように消費されたのかをトレースする資金管理を怠ってはなりません。そして、本事例のような最終回テールヘビー型返済が予定されている場合等では、そのまま保証付融資金が弁済充当されないよう手だてを講じる必要があります。

事例研究 4　旧債振替③

　X銀行P支店では㈱丁交易に対し、信用保証協会の保証付きで3,000万円の運転資金融資を取り組み、融資金は同社の預金口座に入金されたが、その翌日に全額が引き出され、同社のY銀行Q支店の預金口座へ振り込まれた。

　その1週間後にX銀行P支店で丁交易に対する手形貸付2,000万円の返済期日が到来したところ、同日付でY銀行Q支店から同社の預金口座に振り込まれた2,000万円の資金で全額の返済を受けた。X銀行の融資担当者Aは当該手形貸付について、これまでに何回か返済期日が到来するたびに手形の書替えを受け、返済の延長手続をとってきたことを認識していたが、今回は延長の申出がなかったため、特段気にとめることなく返済手続をとった。

　その2年後に丁交易は手形交換所の銀行取引停止処分を受けて破綻し、代表者は行方不明となったため、X銀行P支店は同社に対する保証付融資2,600万円の代位弁済請求を行ったところ、信用保証協会からは「意図的な旧債振替」に該当するとして、全額の保証免責を主張された。しかしながら、X銀行P支店ではAをはじめだれ一人として、丁交易と共謀して旧債振替を行ったとの認識はない。

● 参照：第2章Q21

解　説

1　この事案では、X銀行側に旧債振替を行ったとの認識がありません。しかし、信用保証協会側は銀行と借り手が共謀して意図的な旧債振替を行ったことを疑い、事実関係を調査しようとするでしょう。

　平成19年8月に全国信用保証協会連合会が公表した「約定書例の解説と解

釈指針」（金法1818号43頁）は「保証付貸付金が一旦貸付金融機関の債務者名義の口座に入金された後、この資金が他の金融機関の債務者名義の口座に移管され、その後、再び貸付金融機関の債務者名義の口座に戻され、既存貸付の返済に充当された場合は、言うまでもなく旧債振替制限条項に抵触し、保証免責となる。貸付金融機関の債務者名義の口座から直接既存貸付の返済に充当すれば、容易に旧債振替が判明してしまうことから、これを避けるための巧妙な手段として他行口座を経由させた場合は、信用保証制度の趣旨・目的に明らかに抵触することとなるから、信用保証協会は保証債務の全部について責を免れることとなる」としています。

本事例は外形上、これに抵触しているからです。

2 X銀行としては、信用保証協会に対して旧債振替ではないことを立証するために、丁交易のY銀行Q支店の預金口座の取引履歴を入手し、保証付融資金3,000万円がY銀行Q支店の口座で事業のために消費されたことと、事業上の回収資金がX銀行に振り込まれたことを示すという措置が考えられます。また、X銀行からの照会に対してY銀行が守秘義務を理由に取引履歴の開示に応じなければ、X銀行の顧問弁護士に依頼し、所属の弁護士会を通じてY銀行に対して弁護士法23条の2に基づく開示請求を行ってもらうという方法が考えられます。もっとも、その場合、弁護士会が依頼内容を妥当と判断するか否か、また妥当と判断してY銀行に照会したとしてもY銀行がそれに応じるかについては予断を許しません。そして、目的を達成することができない場合は、丁交易の残務整理にあたる者を探し出し、必要な資料開示について協力を求めるほかないでしょう。

では、旧債振替があった事実は否定できないとしても、金融機関が自らに「責めに帰すべき事由」がないと主張して、債権全額について代位弁済を受けることは可能でしょうか。本件は結果として旧債振替となった2,000万円の手形貸付債権の弁済を受けた時点で、もしくはその後、日を置かずにX銀行がこの事実を認識すれば、当該弁済を取り消して元の状態に復することも可能であったでしょうから、漫然と弁済を受けたまま放置したX銀行の行為

を過失なしということはできず、保証免責を否定する主張は通らないものと判断されます。

その結果、保証付融資金がそのままＸ銀行に振り込まれたことが判明した場合は、残る争点は「一部免責か全部免責か」のみです。一部免責との認定を得るためには行方不明とされる丁交易の代表者を見つけ出し、本件は丁交易独自の判断で行った旨を証言してもらうのが効果的であり、それが事実認定されれば保証免責は保証付融資金3,000万円のうち旧債振替のあった2,000万円についての一部免責となる可能性があります。しかしながら、行方不明の代表者の証言を得ることはむずかしいと予想され、それが実現せずに訴訟となった場合は、Ｘ銀行の主張・立証について裁判所がどのように判断するのかにかかります。

3 本事例でＸ銀行のＡは、従前から手形書替え・返済期日延長を繰り返していた2,000万円もの手形貸付について今回の返済期日に限って丁交易から全額の返済を受けたことに気づいていたことと、その直前に同社に対して3,000万円の保証付融資を行っている事実を照らし合わせれば、この２つの間に資金のつながりがあるのではないかとの疑問を抱くべきであり、それが通常の金融機関職員に期待される保証付融資金の資金管理レベルであると判断されます。そうだとすると、Ａとしては、3,000万円の保証付融資金が丁交易の預金口座に入金された後に、それが同社の事業資金に消費されたことを確認すべきであり、全額がＹ銀行の同社口座に振り込まれたことを確認するだけではなく（当然にこの点の事実確認は必要ですが）、直ちに丙交易に対して疑問点を照会すべきでした。その照会を失念したとしても、いつもと違って2,000万円の手形貸付の返済申出を受けた時点で多少の疑問を感じたはずですので、それをそのまま放置するのではなく、Ｙ銀行に振り込まれた保証付融資金の使途について照会すべきでした。このいずれかの照会が実現していれば、旧債振替の発生は防止できた可能性が高いでしょう。丁交易の代表者は保証付融資の旧債振替禁止についてまったく認識がなく、たんに自社の資金繰りから2,000万円の手形貸付の返済に及んだ可能性もありますが

(短期の借入れを長期の借入れに乗り換える行為は、資金調達の安定性を高める効果がある)、それは許されないことについて金融機関からの注意喚起を怠ってはならないのです。

事例研究 5　旧債振替④

　X銀行P支店では、信用格付が低位で、かつ保全不足状態にある㈲戊企画への融資について保全強化を図ろうとしたが、戊企画には追加担保の余力がないために信用保証協会の保証付融資とプロパー融資の入替えで対応することにした。X銀行P支店の融資担当者Aは戊企画に対して、2,000万円の保証付融資を取り組み、同社の他の複数の取引金融機関口座と売掛金の回収金や手形割引で得た資金等を活用した巧妙な手口で、保証付融資金で同行のプロパー融資2,000万円の返済を受けた事実を隠蔽することを提案した。

　提案を受けた戊企画は、自社で新たに消費できる資金が得られず、手数のみかかるX銀行の提案に難色を示したものの、将来の融資取引への影響等を考慮し、しぶしぶ提案に応じてAの意図したとおりの取引を実行した。

　その1年後に他店へ転勤したAの後任者Bは、戊企画から無担保での追加融資申出を受け、過去の保全不足状態がかなり改善されたと判断し、1,000万円の無担保でのプロパー追加融資に応じたが、その6カ月後に同社は経営破綻した。X銀行は戊企画に対する保証付融資の残額1,900万円について代位弁済請求したところ、保証付融資の実行直後に同額のプロパー融資が返済されていることに着目した信用保証協会は、同社の代表者から事情を聞き、Aによる意図的な旧債振替の事実を知ったことから、全額について保証免責とした。その結果、X銀行は2,900万円の未回収債権が発生し、その全額が損害となった。

　X銀行は信用保証協会の主張を受け入れなければならないか。

● 参照：第2章Q21

──────────── 解　説 ────────────

1 本事例でX銀行のAはプロパー融資債権の保全を図ることを目的として保証付融資に取り組み、実際にプロパー融資債権を回収しています。これは明らかに旧債振替制限条項（約定書例3条）に違反する旧債振替であり、しかも、信用保証協会による保証制度の趣旨・目的に著しく反することから、保証付融資の全額について保証免責となると考えられます（約定書例11条1号）。

加えて本事例では、旧債振替の事情を知らないAの後任者Bが戊企画への1,000万円の無担保追加融資に応じた結果、信用保証協会による保証免責分と合わせて2,900万円の融資回収不能となり、Aによる旧債振替前の保全不足額2,000万円よりも損害が拡大しています。

2 金融機関としては信用力に不安があり、かつ保全不足の融資先について、旧債振替を利用して保全強化を図りたいという誘惑を感じることがあります。融資先も場合によってはそれを了解して、巧妙な手口で旧債振替を隠蔽することに協力するかもしれません。

しかしながら、金融機関から代位弁済請求を受けた信用保証協会は借り手の預金口座の取引履歴や融資取引状況の開示を求め、不審な点を見出した場合には借り手に対して事情聴取を行うのが通例です。

事情聴取を受けた借り手が、金融機関からの要請に応じてやむなく行った旧債振替について、最後まで金融機関をかばって証言してくれることはとうてい期待できず、巧妙な手口で隠しおおせたと判断される旧債振替も、借り手が破綻した場合には明るみに出されるものと判断すべきです。

3 信用保証協会の保証制度は、中小事業者の資金調達の円滑化を実現することを目的としており、それにもとる行為は、たとえ借り手の一時的な了解を得たとしても行うべきではありません。

事例研究 6　資金使途違反①

　X銀行P支店では、信用保証協会の保証付きで新規取引先の㈱己商会に対して2,000万円の運転資金融資に取り組んだ。そして、融資実行当日に同社代表者甲から2,000万円全額につき現金での払戻請求を受け、これに応じた。

　ところが、翌月の約定分割弁済日になっても弁済を受けることができず、P支店の融資係員が己商会の届出住所を訪問すると、そこは共同オフィスの一室で、甲をはじめ己商会関係者の姿はみられなかった。共同オフィスの管理者に事情を聞いたところ、1カ月前に己商会という名前の会社と机1席分の賃貸契約を締結したが、1週間前に契約は解除されたという説明を受けた。

　同支店では、甲が突然来店して融資取引の申出をした際に、甲から提出を受けた決算書等が整然とした内容であったことを過信し、事前の現地訪問で甲と面談した際には、当地での商取引先の増加により、臨時の出張所として利用しているとの説明を受け、何の疑問も抱かずに信用保証協会の保証を得て融資取引を開始したものであった。

　X銀行は信用保証協会から代位弁済を受けることができるだろうか。

● 参照：第2章 Q24、Q26、Q32

解　説

1　本事例では、己商会と称する会社に事業実態がなかった疑いが濃厚であり、当初から融資金詐欺を目的として融資申出がなされた可能性があります。この場合、信用保証協会からは錯誤に基づく保証契約の無効を理由に代位弁済を拒否される可能性があります。

　次に要素の錯誤に該当しないとしても、X銀行は信用保証協会から、「資

金使途違反」と「債務者の実態掌握不足」の2点を理由に、保証契約違反（約定書例11条2号）による保証免責を主張されることが予想されます。その場合、それぞれの事由についてX銀行に過失があるかどうかが問題となります。

融資金詐欺の事例については後に解説することから（事例研究21）、本事例では「資金使途違反」と「債務者の実態掌握不足」について、X銀行に過失があるか否かついて検討することとします。

2 まず、「資金使途違反」の点については、本件の保証付融資は融資金が事業資金として借り手の事業活動のために消費されることを前提としています。具体的には、融資金は借り手が振出し・引受けした手形・小切手の決済や、買掛債務の支払、従業員の給与支払等に充てられるべきものです。融資した金融機関は最低限、融資金がこのような目的のために使われているかを確認することが求められます。

X銀行は己商会との取引歴が浅く、同社との間で当座勘定取引や振込取引が十分に利用されていないという事情があります。しかし、融資金2,000万円の全額を現金で払い戻すという取引はいかにも異常です。現金取引を中心とする業種もありますが、ごく限られた業種であり、多額の現金取引は一般にマネーローンダリングや脱税取引につながる可能性が高いといえます。

したがって、X銀行は甲から現金払戻請求を受けた際に、その資金使途を確認するとともに、別手段での資金の払戻方法を提案すべきであり、それを行わずに漫然と払戻しに応じた点は、「資金使途違反」について過失ありという認定につながる可能性があります。

3 次に、保証付融資に取り組む金融機関は信用保証協会との間の保証契約に基づく信義則上の義務として、借り手の信用力について十分な注意を払わなければならず、その一環として融資に際して借り手の実態を調査・把握することが求められていると解され、信用調査を十分に行うことは保証付融資、プロパー融資を問わず金融機関として当然に履行すべき事項です。本事例では己商会に事業者としての実態がなかった可能性が高いため、X銀行に

おいて借り手の実態を調査・把握する努力を十分に尽くしていたかが問題になります。

　金融機関が債務者の実態把握をどこまで行えば十分なのかを判断するための明確な基準は存在しませんが、数多くの融資取引を行っている金融機関として期待されるレベルの注意を払うべきとの見解に異論をさしはさむ余地はありません。そうした観点から、本事例でＸ銀行はプロパーで無担保融資に新規に取り組む場合と比較して、信用保証協会の保証付きであることから、債務者の実態把握が甘くなったのではないかという評価もありえます。

4　現在の金融機関の融資業務をめぐる環境は、借入需要の低迷に対してオーバー・バンキングの状況にあり、新規融資の取組みは容易ではなく、金融機関側から事業者のもとへ日参して借入れを勧誘し、やっと取引実現に漕ぎ着けるというケースが大半でしょう。そのような環境下で借入希望が先方から舞い込んできたときにはより慎重な実態把握と信用調査を行うのが常識であり、その意味でもＸ銀行の対応には疑問とする点が多いといえます。

事例研究 7　資金使途違反②

　　X銀行P支店では、個人事業者庚に対し信用保証協会の保証付きで2,000万円の運転資金を融資し、融資金は庚の預金口座に入金された。その翌日、庚は自宅のパソコンを利用したインターネットバンキングで2,000万円の全額についてX銀行の預金口座から他の金融機関にある証券会社の口座へ振込手続をとったが、P支店のだれもこれに気づかず、その後も放置したままであった。
　　融資実行の1年後に庚は死亡し、相続が開始されたが、庚の事業は不振で債務超過状態にあったため、庚の相続人は全員相続放棄手続をとり、相続人不存在となった。そこで、X銀行は信用保証協会に対して保証付融資の残額1,960万円の代位弁済請求を行ったところ、「資金使途違反」との指摘を受け、はじめて保証付融資金が有価証券投資に使用されたらしいことに気がついた。代位弁済請求は認められるか。
●参照：第2章 Q14、Q24、Q26

─────────────── 解　説 ───────────────

1　本事例では、庚の相続人が借入債務を承継し弁済義務を負ってくれればまだしも、法定相続人全員が相続放棄を選択した以上、庚の残した積極財産の換価処分で得られる金額（通常それはとうてい債権全額の回収には満たないものと推定される）での回収か、信用保証協会から代位弁済を受けることになります。
　ところで、本事例の場合、事業に消費する目的で融資した資金の全額が証券会社の口座へ振り込まれた事実から、庚は有価証券投資に融資金を消費した可能性が高く、証券会社に照会すればその事実を立証することは容易でしょう。当該事実が立証されれば融資金の資金使途違反は明らかであり、そ

れを理由に信用保証協会が「保証契約違反による保証免責」（約定書例11条2号）を主張できるかどうかが問題になります。保証契約違反による保証免責が成立するためには、金融機関に故意または過失があることが必要です。そして、信用保証協会に損害が生じた限度において保証免責となります。本事例をこの基準に照らし合わせると、「融資金が有価証券投資に消費されたことについてＸ銀行に故意または過失があるか」と、「過失があった場合に、信用保証協会による求償権の行使に支障が生じたか」の２点が問題となります。

2 まずＸ銀行の故意または過失については、「故意」でないことは明白です。庚による振込手続は店頭での取引でなく、自宅パソコンでのインターネットバンキングを利用したことから、証券会社への口座への振込みそのものにＸ銀行の「過失」も存在しないでしょう。しかしながら、資金使途違反を疑わせる取引がなされたことは事後的に庚の預金取引記録から容易に認識できるにもかかわらず、庚が死亡するまでの１年間にわたって気づかずに放置した点をどう評価すべきかが検討課題となります。

3 信用保証協会と金融機関との間で締結した「約定書」には、保証付融資金を借り手がどう消費したのかについて、金融機関が監視しなければならないとする明確な記載は見受けられません。しかしながら、「資金使途違反」が「保証契約違反」になることから、金融機関は可能な限り融資金の使用状況の把握に努めることが求められます。少なくとも、自行・庫の保有する預金取引記録の点検は必須でしょう。そして、事後的に資金使途違反の事実を把握した場合は、借り手との間で正常化交渉を行い、それが実行されない場合は信用保証協会と協議のうえ、借り手の期限の利益を喪失させて代位弁済を受け、信用保証協会に求償権行使の機会を与えるべきとの見解がありうるものと思われます。また、期限の利益を喪失させる行為が金融機関の「権利の濫用」とされる可能性があるとしても、借り手に対して「資金使途違反が正常化できない場合、今後信用保証協会から新たな保証を受けることが困難視される」と警告し、正常化を促すことも可能であったはずです。

4 したがって、本事例で信用保証協会から資金使途違反を理由に保証免責を主張された場合、その評価はむずかしいですが、金融機関としてはこの種の紛争が生じることを防ぐために、借り手に対して事前に融資金を事業資金として消費すべきことを依頼し、事後的に融資金の資金トレースを行うべきです。こうした努力を怠ったX銀行には甲の資金使途違反について過失ありと評価され、保証契約違反による保証免責となる可能性を否定できません。

事例研究 8　資金使途違反③

　X銀行P支店では、既存取引先の辛不動産㈱から以下の事業計画に必要な融資の申出を受けた。同社は不動産デベロッパーで、取得した土地に下請けの建設業者が建築した一戸建住宅を販売することを主な事業としていた。

　　個人向け住宅販売プロジェクト
　　　　総売上高　　1億2,000万円
　　　　土地取得費　5,500万円
　　　　建物建築費　3,500万円
　　　　粗利益　　　3,000万円

　　　借入申出額　9,000万円
　　　融資期間1年間　期日一括返済

　X銀行は信用保証協会の保証付き（無担保保証）で9,000万円を融資したが、1年後の返済期日が到来しても返済を受けることができず、返済交渉では「返せないものは返せない」と開き直られる始末である。また、辛不動産は事業計画として提出された購入予定地は購入しておらず、かわりに商品価値に乏しい崖地を購入していたが、建物は建築されていない。

　この状態でX銀行が信用保証協会へ代位弁済を請求すると、どのような事態が想定されるであろうか。

●参照：第2章 Q24、Q25

---- 解　説 ----

1 本事例では、不動産開発事業資金（プロジェクト資金）として保証を受

けた融資の融資金が、当該プロジェクトにまったく消費されていない事実から、信用保証協会からは「資金使途違反」を理由に保証契約違反（約定書例11条2号）を認定され、保証免責を主張される可能性が高いといえます。この場合、銀行員の共謀等の「故意」はなかったことを前提にすると、資金使途違反についてのＸ銀行の過失の有無と、過失ありとすればそれが信用保証協会による求償権行使に支障があったかどうか、その程度が検討課題となります。

2 不動産業者が金融機関借入れで土地を取得する際には、大手業者は別として、中小事業者の場合は金融機関の店舗に当事者が集合し、その場で土地売買契約の締結、融資金による代金支払、取得した土地への担保権設定契約締結等の一連の手続を行うのが通常です。

　本事例は無担保融資のため担保権設定契約はないものの、土地売買契約の場に金融機関職員が立ち会うことで土地購入の事実を把握することができます。本事例ではその種の手続はとられておらず、融資実行後1年間にわたり融資金の資金トレース等も行っていないことから、Ｘ銀行を無過失と評価するのは困難でしょう。

　また、事業計画どおりの土地が購入されたうえで債務不履行となったのであれば、信用保証協会は求償権に基づいて当該土地を差し押えて強制執行手続を行うことも可能ですが、本事例ではそれも不可能のため、本来購入すべき土地を購入していないという資金使途違反が信用保証協会の求償権行使に支障を生じさせたと評価されるでしょう。

　以上の結果、信用保証協会が資金使途違反を理由に保証免責を主張すると、Ｘ銀行がそれに対抗するのは困難と判断されます。また、資金使途として申告のあった建物が実際には建築されておらず、建物について強制執行が不可能という意味でも信用保証協会の求償権行使に支障をきたしており、資金使途違反によって融資金の全額にわたって求償権の行使に支障が生じるため、保証免責の範囲は保証付融資の全額になるものと考えられます。

3 もっとも、不動産開発業者に対し、無担保で「1年間、期日一括返済」

の条件で融資に応ずることは危険すぎるため、信用保証協会が不動産開発プロジェクトへの融資の保証に取り組む際には、融資の対象を土地購入資金に限り、かつ当該土地への根抵当権設定と根抵当権実行の際には保証付融資債権の弁済を優先する旨の保証条件を付すのが通常です。建物建築費については、不動産開発業者の自己資金でまかなうことにし、担保設定、事業計画の進捗状況の管理、回収までの資金管理を金融機関に委ねることになるでしょう。

4 一方、金融機関の立場からみると、土地取得・建物建築資金の融資について信用保証協会の保証を得たとしても、申出どおりに「土地取得」または「建物建築」が実現しないまま借り手が破綻した場合、金融機関が無過失を立証できなければ「資金使途違反」を理由に保証免責を主張されるとすれば、当該保証による保全の効果は弱いといえます。借り手が融資金をどのように消費しているかを常時監視し、資金使途違反を完全に防ぐことは不可能に近いからです。逆に、借り手の申出どおりに土地購入、建物建築、販売がきちんと実行され、開発プロジェクトが完了したとすれば、融資の返済に支障はないはずです。

加えて、不動産開発業者が自ら建築資材を購入し、工事を行い、建物を完成させるのであればまだしも、別の建築業者に下請けさせるのであれば、不動産開発業者から建築業者への建物代金の支払は多くの場合、建物引渡し時に行われるため、不動産開発業者はエンドユーザーから受け取る購入代金を建物代金の支払に充てることが可能なのです。それにもかかわらず、もっともらしく建物販売価格の80％程度について「建物建築資金」の借入れを申し出るケースのほとんどは、実態的には赤字補てんのための資金です。

したがって、不動産開発プロジェクトに対しては購入予定の土地について正しく担保評価を行い、担保権設定登記を受け、土地取得資金についてのみプロパー融資で取り組むのが基本と考えられます。

事例研究 9　故意または重大な過失による取立不能①

　X銀行P支店では壬建設㈱から、同社が大手不動産開発業者から請け負った建物建設工事に必要な資金5,000万円の借入申込みを受け、工事請負代金を回収引当として信用保証協会の保証付融資（無担保）に取り組んだ。ところが、返済期日が到来しても弁済されないため事情を聞くと、返済の引当とされた工事請負代金はすでに同社が受領しており、他の事業資金に流用したため返済できないとの説明を受けた。
　X銀行の融資担当者Aはこの事態を収拾するため、壬建設が請け負っている他の工事請負代金を聞き出し、それを返済の引当とすることを約束したうえで信用保証協会から保証期間延長の承諾を得て、融資の返済期日の延長手続をとった。しかしながら、再度の返済期日が到来しても壬建設からは返済を受けることができず、その後、同社は破産手続開始決定を受け、X銀行の同社に対する保証付融資5,000万円全額が回収不能となった。
　X銀行は信用保証協会に対して代位弁済を請求したが、「故意または重大な過失による取立不能」を理由に保証免責とするとの回答を得た。Aは保証免責を避けるためにどうすればよかったのだろうか。
●参照：第2章Q8、Q9、Q29

解　説

1　金融機関は信用保証協会の保証を得た融資債権の保全・管理について、融資実行直後から「善管注意義務」を負っています（約定書例9条1項）。そのレベルは、金融機関がプロパー融資債権の保全・管理にあたって要求される注意義務と同程度が期待されており、金融機関が「故意または重大な過失」によって保証付融資債権の保全・管理に必要な措置を怠ると、それに

よって信用保証協会に損害が生じた限度で「故意または重大な過失による取立不能」（約定書例11条3号）による保証免責となります。それに照らし合わせると、仮に壬建設への融資が無担保のプロパー融資であったら、X銀行融資担当者のAは本事例と同じ対応ですませたでしょうか。

2 融資の返済原資とすることを約束した工事請負代金を回収しておきながら、それを他の事業資金に流用した壬建設の行為は、X銀行に対する重大な背信行為であり、かつ、そのような事態は同社の信用状態に赤信号が点滅していることを示しています。そのような状況下で無担保プロパー融資の返済約束が守られなかった場合、平均的な銀行員のとる行動はより確実な債権回収手段を講じることであり、それが常識でしょう。にもかかわらず、たんに別の請負工事代金の存在を聞き出し、それを返済の新たな引当とするとの口約束のみで、やすやすと融資の返済期限延長に応じたのは、「信用保証協会の保証付きだから安全」という過信と誤解があったからではないでしょうか。

3 当初の返済約束が履行されず、その理由の説明を受けた段階でAが当然とるべき行動は、壬建設に対する融資債権の保全強化です。たとえば、同社所有の不動産等があれば、当該不動産等に担保権の設定を受け、それが不可能な場合は、新たな返済引当とするとの説明を受けた請負工事代金について債権譲渡を受け、第三債務者ならびに第三者への対抗要件を具備することが考えられます。保証付融資についてそこまでやるかどうかは、金融機関が信用保証協会と協議して決めるべきですが、いずれにしてもなんらかの保全手段が講じられるまでは融資の返済期限延長に応じるべきではありません。

4 このように、プロパー融資債権であれば当然に講じたはずの保全強化策をとることもなく、漫然と返済期限延長に応じた結果、壬建設からの債権回収機会を逸したX銀行の行為は、「故意または重過失による取立不能」を理由に信用保証協会から保証免責を主張されてもやむをえないと評価されます。本事例では、X銀行は信用保証協会と協議して返済期限を延長していますが、信用保証協会の立場からすれば、X銀行が責任をもって新たな返済引

当から債権回収を図るであろうとの、当然に期待される行動をとることを前提に返済期限延長に応じているわけですから、その義務を履行することなく代位弁済請求することは信義則上からも認められないでしょう。

事例研究10　故意または重大な過失による取立不能②

　X銀行P支店では、融資先である㈱癸物産について破産手続開始が決定され、破産管財人から同社に対して保有する債権の届出を促す内容の文書の送達を受けた。同社に対する債権は、プロパー融資の8,000万円と、信用保証協会の保証付融資2,000万円の合計1億円であったが、融資担当者Aは、2,000万円の保証付債権は信用保証協会から代位弁済を受けて回収できるので、プロパー債権8,000万円のみを届け出ればよいと判断し、プロパー融資についてのみ債権届出を行った。そして、信用保証協会に対して2,000万円の代位弁済請求を行った時点では債権届出期間は終了していた。この場合、X銀行にはどのような事態が予想されるであろうか。

●参照：第2章Q29

解　説

1　金融機関は信用保証協会の保証を得た融資債権が履行期限までに履行されない場合、債権回収にあたって保証付融資債権とプロパー融資債権を同等に取り扱う義務があります（約定書例9条3項）。金融機関がこの義務を「故意または重大な過失」によって怠った場合、「故意または重大な過失による取立不能」（約定書例11条3号）として信用保証協会が損害を被った限度で保証免責となります。

　したがって、借り手について破産手続が開始したら、信用保証協会の保証付き・保証なしにかかわらず、借り手に対するすべての融資債権を破産管財人に届け出るのが正しく、それが金融機関の信用保証協会に対する義務でもあります。金融機関が誤った解釈をもとにそれを行わず、債権届出期間が終了すると、一般破産債権については破産配当を受けられなくなるため、信用

保証協会は損害を被ることになります。ただし、保証付債権のために担保権が設定されていれば、当該担保権は別除権として破産手続外で実行することが可能なので、信用保証協会が損害を受けない事態も想定されます。

2 全国信用保証協会連合会「約定書例の解説と解釈指針」（金法1818号46頁）は「債務者、連帯保証人または手形支払人が破産法、民事再生法、会社更生法の適用を受けた場合に金融機関が債権届出を行わず信用保証協会に損害を与えたとき、もしくは損害の発生が見込まれるときは、原則として損害を限度として免責となる」としており、本事例はまさにこれに該当します。

同論文では「ただし、当該金融機関に法的整理の通知が送付されなかった場合等、当該金融機関が法的整理の事実を知らなかったことにつき合理的な理由がある場合は、債権届出をしなかったとしても保証免責とはならない」としていますが、本事例の場合、X銀行は破産管財人から債権届出を促す文書の送達を受けていますので、法的整理の事実を知らなかったという抗弁はできません。したがって、本来破産配当によって回収できた債権額に相当する金額について保証免責の主張を受け入れざるをえないでしょう。

事例研究11　担保保存義務違反①

　X銀行P支店では、プロパー融資8,000万円と信用保証協会の保証付融資2,000万円が併存する融資先の㈱A電気商会から、X銀行が根抵当権設定登記（極度額1億円）を受けている自社所有不動産を任意売却し、売却代金を借入金の返済と運転資金に充当したいとの申出を受けた。同社は業績が低迷し、X銀行からの借入れについてプロパー融資、保証付融資ともに返済条件を緩和する内容の変更契約を締結していたが、先月の約定返済分の延滞が生じており、融資担当者Yは、延滞解消について同社と協議しようとしていた矢先であったため、この申出を歓迎する方針で対応した。

　当該根抵当権は、信用保証協会が保証条件とした担保ではなかったため（条件外担保）、不動産売却による手取金1億1,000万円でプロパー融資8,000万円の全額を返済し、残額は運転資金に充当したいとのA電気商会の申出に対し、X銀行は売却代金の使い道として保証付融資の延滞分の解消を加えることを条件に応諾した。その結果、担保不動産の売買にあわせてX銀行は根抵当権の設定解除に応じ、申出内容の融資債権を回収した結果、同社に対する融資は保証付融資のみとなった。

　その1年後には破産手続の開始が決定されたため、X銀行が信用保証協会に対して保証付融資の残額1,950万円の代位弁済を請求したところ、「担保保存義務違反」を理由に保証免責となる旨の回答を得た。X銀行P支店の判断のどこに問題があったのだろうか。

● 参照：第2章Q10、Q15、Q29

――――――――――――――――― 解　説 ―――――――――――――――――

1 本事例において、X銀行が信用保証協会の同意なしにA電気商会から設

定を受けていた根抵当権の解除に応じたことは「債権者の担保保存義務違反」に該当し、信用保証協会は民法504条および「故意または重大な過失による取立不能」（約定書例11条3号）を理由に保証付融資債権の全額について保証免責となると解されます。その理由は下記のとおりです。

2 債権者は民法500条・504条の定めにより、法定の代位権者に対して担保保存義務を負っており、故意または過失により担保を減少または喪失したときは、それによって法定代位権者が償還を受けられなくなった限度で、法定代位権者に弁済等を請求できなくなり、債権者が保証人等の法定代位権者から債権全額の弁済を受けた場合も、その限度で弁済を取り消して弁済金を返還する義務が生じると解されています。

ここでいう「法定の代位権者」には、保証人、物上保証人、担保物件の第三取得者、連帯債務者、A・B2つの不動産について共同抵当権設定を受けていた場合でA不動産の抵当権のみを解除した場合におけるB不動産の後順位担保権者などが該当します。したがって、保証付融資契約における信用保証協会も法定の代位権者に該当します。

たとえ条件外担保であったとしても、金融機関が根抵当権の解除に応じなければ、保証人が代位弁済に応じた場合は、求償権を実現するために金融機関が設定を受けている根抵当権について金融機関に代位して権利行使することが可能だったはずです。したがって、金融機関は保証人に無断で根抵当権の解除に応じてはいけないのです。

3 もっとも、金融機関が保証人との間で締結する保証契約書（銀行取引約定書や金銭消費貸借契約書の保証人に関する条項を含む）には「担保保存義務免除特約」が設けられており、そこでは「保証人は貴行がその都合によって担保もしくは他の保証を変更、解除しても免責を主張しないものとします」という趣旨の取決めになっています。そして、この特約は一定の状況下（債務者の信用状態に特段の問題がなく、融資取引で弁済遅滞等が生じていない場合をいう）では有効とするのが判例の立場です（最判昭和48年3月1日金法679号34頁）。

しかしながら、金融機関と信用保証協会との間の保証約定書では担保保存義務免除特約は置かれていません。このため、信用保証協会との保証付融資においては民法の一般原則に従った処理がなされるのかどうかを検討しておく必要があります。この点につき、信用保証協会の保証を得るための条件とされた担保（条件担保）と、特に条件が付されていない担保（条件外担保）に分けると以下のとおりです。

　まず、金融機関は条件担保の解除にあたっては、債務者の信用状態のいかんにかかわらず、すべてのケースについて信用保証協会との間で変更保証契約を新たに締結することが必要になります。金融機関がこれを怠った場合、「保証契約違反」による保証免責となります（約定書例11条2号）。

　一方、条件外担保の解除については、信用保証協会との間で変更保証契約を締結する必要はありません。しかし、金融機関は保証付融資について延滞または事故報告書提出事由が生じた後、債権回収にあたって保証付融資債権とプロパー融資債権を同等に取り扱う義務が生じます（約定書例9条3項、同等管理義務）。金融機関がこの義務を怠れば、「故意または重大な過失による取立不能」による保証免責となります（約定書例11条3号）。

　そして、この同等管理義務の履行を確保するため、保証付融資について延滞または事故報告書提出事由が生じた後に担保契約を解除するにあたっては、保証契約上、信用保証協会との協議を要するとされています。それらの事由が生じる前であれば、条件外の担保契約を解除するにあたって信用保証協会との協議は不要です（「約定書例の解説と解釈指針」金法1818号46頁）。

4　では、本事例の場合、X銀行はどのように行動すべきだったのでしょうか。

　まず、X銀行が解除した担保は条件外担保なので、担保解除にあたって信用保証協会との間で変更保証契約の締結は必要ありません。

　次に、債務者は融資の分割弁済遅延は1回のみのため、信用保証協会に対して事故報告書を提出すべき事態には陥ってはいません。しかし、X銀行は同社との間で既存の融資契約について返済条件緩和の変更契約を締結しており、

事実上追加の保証を得ることが不可能な状況であることに加えて、約定返済が1回分延滞していたことから、条件外担保であってもその解除については信用保証協会と事前協議をしなければならない状況であったと解されます。

　同一債務者について金融機関のプロパー融資債権と保証付融資債権が併存し、両債権について共通の物的担保があり、物的担保からの回収がなされた場合、当該物的担保が保証条件とされていて、保証付債権に優先充当させることが明らかであれば保証付債権に優先充当しますが、当該物的担保が保証条件とされていなければ、プロパー債権と保証付債権のどちらについて優先充当するかは預金相殺の取扱いに準じるとされています（ただし、当該物的担保の存在を前提にプロパー融資を実行した場合はプロパー債権に優先充当してさしつかえない（「約定書例の解説と解釈指針」（金法1818号35頁）））。同一店舗でのプロパー債権と保証付債権の併存の場合、債務者の預金との相殺については、プロパー債権を優先してよいというのがルールです（第2章Q15参照）。

　したがって、本事例において、X銀行P支店が根抵当権からの回収金をプロパー債権に優先充当するのはかまわないはずですが、仮にX銀行と信用保証協会との間で事前協議がなされていたとすれば、信用保証協会としては同等管理義務（約定書例9条3項）に基づき、担保不動産売却代金をもってプロパー融資債権に加えて保証付債権の弁済に充当することを要求したと推定されます。本事例では売却代金からして保証付融資も全額の弁済を受けることが可能であったはずであり、仮に満額の弁済に満たない売却代金の場合は、プロパー融資債権について優先充当した残額はすべて保証付融資債権に弁済充当されるべきものでした。

　したがって、こうした手続を踏まず、条件外担保の任意売却のために担保契約を解除し、その売却代金をプロパー融資債権の弁済と借り手の運転資金に充てたX銀行は「故意または重大な過失」（約定書例11条3号）によって同等管理義務（約定書例9条3項）に違反したと評価されます。しかも、X銀行が適切に行動していたら保証付融資債権の全額が回収可能であったと想定されますから、保証付債権の全額について保証免責となると解されます。

事例研究12　担保保存義務違反②

　X銀行P支店では、1,800万円の信用保証協会の保証付融資がある個人事業者Bが手形交換所の取引停止処分を受けたため、同人への融資の全額について期限の利益を喪失させた。

　その翌日にBが来店し、X銀行が甲から代金取立の委託を受けた満期日未到来の手形1通（手形金100万円）について、取立依頼を解除するので、手形を返却してもらいたいとの申出を受けた。同人の主張は「当該手形はX銀行に担保として差し入れしたものではなく、たんに代金取立を依頼したにすぎない。X銀行からの借入れを返済する余力はないが、X銀行は信用保証協会から代位弁済を受けて回収できるから問題ないだろう」というものだった。

　これに応対したP支店の融資担当者Aは、Bの主張はもっともだと判断し、代金取立手形の組戻手続をとり、当該手形を同人に返却した。

　その後、X銀行が信用保証協会に対し、Bへの保証付融資の代位弁済請求を行ったところ、信用保証協会の回答は「事前協議なく手形をBに返却した行為は担保保存義務違反に該当するので、手形金100万円相当額は保証免責とする」というものであった。X銀行は保証免責の主張を受け入れざるをえないであろうか。

● 参照：第2章Q10、Q29

解説

1　代金取立手形とは、手形期日における代金の取立てを取引金融機関に委託するものです。受託した金融機関は当該手形を手形交換に付すか、個別取立ての手段で手形金を取り立て、委託者の預金口座に入金することで委託事務は終了します。この一連の流れから、手形や取り立てた手形金を融資債権

の担保とする要素は見出せず、当初から手形を担保とする場合は担保差入契約書の締結と譲渡裏書した手形の差入れを受けることになります。

2 代金取立手形の受託は以上のとおり委任契約にすぎませんが、委託者が融資先で、かつ代金取立てが完了する前に破綻し、融資債権の弁済を受けられない状態となると担保的効力が生じます。その根拠は「商事留置権」と「銀行取引約定書による特約」に求めることができます。

まず、商法521条では、商事留置権を次のように定めています。

「商人間においてその双方のために商行為となる行為によって生じた債権が弁済期にあるときは、債権者は、その債権の弁済を受けるまで、その債務者との間における商行為によって自己の占有に属した債務者の所有する物又は有価証券を留置することができる。ただし、当事者の別段の意思表示があるときは、この限りではない」。

この条文に照らし合わせれば、住宅ローンやカードローンのような消費者向け融資は別として、その他の事業性融資は「商人」である借り手企業と銀行の「双方のために商行為となる行為によって生じた債権」であり、それが借り手の破綻によって弁済を受けることができなくなれば、銀行は代金取立手形として受託した手形(借り手の所有する有価証券)を、債権の弁済を受けるまで自らの手元に留め置いて、借り手やその管財人に対して返却しなくてもよいこととなります。

次に、銀行取引約定書では、おおむね次のような趣旨の条項が定められているのが通常です(旧銀行取引約定書ひな形では4条に規定)。

> 債務者が銀行に対する債務を履行しなかった場合、または担保設定契約で定める事由が発生した場合には、銀行は、法定の手続または一般に適当と認められる方法、時期、価格等により担保を取立または処分のうえ、その取得金から諸費用を差し引いた残額を法定の順序にかかわらず債務者の債務の弁済に充当できるものとします。取得金を債務者の債務の弁済に充当した後に、なお債務者の債務が残っているときは債務者は

直ちに銀行に弁済するものとし、取得金に余剰が生じたときは銀行はこれを権利者に返還するものとします。

　債務者が銀行に対する債務を履行しなかった場合には、銀行が占有している債務者の動産、手形その他の有価証券についてもすべて前項と同様に取り扱うことができるものとします。

　したがって、銀行は商事留置権によって留置が認められた代金取立手形について、銀行取引約定書の条項に基づき、手形期日に手形金を取り立て、それを融資債権の弁済に充当することが認められます。その際、占有している動産等を「一般に適当と認められる方法、時期、価格等により取立」てるとの条項については、担保の目的が代金取立手形の場合、手形交換制度を利用した取立手段とすることで妥当性が確保されることになると解されます。

3　こうした「商事留置権」と「銀行取引約定書による特約」を根拠とした、銀行による代金取立手形に対する権利行使の可否について、借り手が法的整理手続に入った場合に、従前は法的整理の種類によって見解の差異がみられました。すなわち、「破産法」と「会社更生法」ではいずれも商事留置権を「先取特権」と位置づけているため、他の債権者に優先して権利行使が可能であり、関連する判例も一貫してその立場をとっていましたが、「民事再生法」では商事留置権を「先取特権」としていないため、担保権と同様の権利行使ができるか否かについて下級審の判断が分かれていました。しかし、この相違については、最高裁の担保的効力を認める判断によって結論が出されました（最判平成23年12月15日民集65巻9号3511頁）。したがって、借り手の法的整理の種類にかかわらず代金取立手形には担保的効力があるものとして取り扱うことができるのです。

4　本事例の場合、借り手であるBは銀行取引停止処分を受けたものの法的整理には至っていません。しかし、いずれにしてもX銀行は同人から代金取立てを受託した100万円の手形について、融資の弁済が受けられないことを理由に商事留置権を主張することができ、手形の組戻しや返却依頼に応じる

必要はありませんでした。そして、手形期日が到来すれば代金取立てによって得た資金を融資債権の弁済に充当することができたはずです。

　それを行わず、かつ銀行取引停止処分という事故報告書の提出が必要な事由が生じた後であるにもかかわらず信用保証協会との事前協議もなく手形の返却に応じたＸ銀行の行為は、信用保証協会に対する担保保存義務違反に該当し、保証付融資債権について民法504条および「故意または重大な過失による取立不能」（約定書例11条３号）を理由に手形金相当額100万円について保証免責を受けることとなると解されます。

　金融機関としてはこれに対して、手形債権は手形支払義務者によって決済され、資金化することではじめて担保としての価値が生ずるもののため、預金担保や不動産担保と同列に扱うことができないと主張することが考えられます。しかしながら、手形所持人は主たる支払義務者に対する請求のほかに、振出人（為替手形の場合）や裏書人に対して遡求権を行使することも可能であるため、これらの義務者がすべて法的整理に入っており、手形は実質的に無価値であった等の限定的な事態でなければ、この抗弁は認められないものと思われます。

5　本事例の結論は、借り手が法的整理に入っていないため、貸し手が銀行の場合と、信用金庫・信用組合の場合のいずれについても同じです。ただし、借り手が法的整理に入った場合の代金取立委任手形の取扱いについて、貸し手が銀行ではなく、信用金庫・信用組合であった場合には異なるものとなる可能性があります。たとえば、信用金庫取引約定書にも前述の銀行取引約定書と同様の規定が設けられており、借り手から受け入れた代金取立手形について商事留置権が成立するならば、それを換価のうえ融資債権の弁済に充当することができると考えられます。しかし、信用金庫・信用組合は銀行と違って「商人」ではないというのが判例の立場です（信用金庫について最判昭和63年10月18日金法1211号13頁、信用組合について最判平成18年６月23日金法1789号22頁）。

　このため、信用金庫・信用組合の企業への融資について商法521条の適用

はなく、代金取立手形について商事留置権は成立せず、民事留置権のみが成立し、かつ民事留置権は破産法等で別除権の対象外とされます。したがって、借り手が法的整理に入った場合、債務者と破産管財人等は第三者の関係と解されますので、信用金庫取引約定書の規定のみで破産管財人等に対抗するのは困難視され、信用金庫・信用組合が破産管財人等から取立委任契約解除の申出を受けた場合は手形を破産管財人等に返却しなければならないと考えられます。

　したがって、信用金庫・信用組合が保証付融資の貸し手であった場合、法的整理に入った借り手から代金取立委任を受けた手形を破産管財人等に引き渡すことは信用保証協会との関係でも許される行為になります。銀行と信用金庫・信用組合の間では取扱業務内容にほとんど差異はないにもかかわらず、たんに法律上の「商人か否か」の違いのみで債権回収の効果に大きな差が生じるのは感覚的に納得しがたいものがあり、新たな判例の出現が期待されます。

事例研究13　保証条件違反①

　X銀行P支店では、信用保証協会の保証を得て㈱C技研へ運転資金8,000万円を融資するにあたり、同社所有不動産に根抵当権（極度額9,000万円）の設定を受けるとの保証条件が付された。

　そこで、P支店の融資担当者Aが担保予定不動産の現地実査を行ったところ、当該土地の上にかなり大きな未登記建物が存在した。そこで、Aは同社の代表者甲に対し、建物を保存登記のうえ、土地・建物を共同担保として根抵当権の設定登記を受けるべく交渉したが、甲からは「あの建物は近いうちに取り壊す予定のため、保存登記の費用が無駄になる。土地だけでも9,000万円を上回る価値があるので、土地だけを担保としたい」との回答であった。

　甲の説明を了承したAは甲の申出どおり、土地のみに根抵当権の設定登記を受け、保証付融資8,000万円を実行した。

　ところが、その後、未登記建物は取り壊されることなく、C技研を所有権者とする保存登記と、金融業者を根抵当権者とする根抵当権（極度額1億円）の設定登記がなされた。そして、その6カ月後にC技研は手形交換所の取引停止処分を受けて倒産した。

　X銀行は保証付融資の残額7,950万円について信用保証協会へ代位弁済を請求したが、保証条件担保に大きな瑕疵があるために保証免責とするとの回答を得た。そこで、やむなく根抵当権を行使し、担保不動産の競売申立てをしたところ、土地・建物の売却代金合計額6,000万円のうち、建物の担保権者である金融業者に対して4,200万円、X銀行に対して1,800万円の配当となり、未回収の融資債権6,150万円はX銀行の損失となった。X銀行の保証付融資はなぜ保証免責となり、かつわずかな金額の競売配当を受け取らねばならない事態となってしまったのだろうか。

- ●参照：第2章Q5、Q23、Q28

---- 解　説 ----

1 本事例は、借り手であるC技研が所有する土地の上に未登記の建物が存在する場合に、X銀行が甲の申出を受け入れて土地のみに根抵当権の設定を受けたため、当該根抵当権実行の結果、建物に法定地上権が成立し、底地の担保価値が大きく減価してしまったケースです。

被担保債権は信用保証協会の保証付融資債権ですが、借り手が所有する不動産に根抵当権の設定を受けることが保証条件とされていたため、信用保証協会からは「保証契約違反」を理由とする保証免責（約定書例11条2号）を主張されていると考えられます。

2 民法388条は法定地上権の成立要件について、次のとおりに定めています。

> （法定地上権の成立要件）
> ① 抵当権設定当時に地上に建物が存在すること。
> ② 土地、建物の双方が抵当権設定当時、同一人の所有に属すること。
> ③ 売却の結果、土地、建物が別の者に属することとなったこと。

上記の要件がすべて満たされると、建物のために法定地上権が成立し、土地はその負担付きとなるため、土地の売却価格はその分だけ低下することとなります。

法定地上権の負担割合は、土地の所在地と地上建物の構造等によって変わりますが、概要は次のとおりであり、本事例の競売配当もこれによったものになっています。

No.	地上建物の種別	法定地上権割合
1	木造等の非堅固建物	土地更地価格の60〜70％程度
2	鉄筋コンクリート造等の堅固建物	土地更地価格の90％程度

3 法定地上権については、次のとおり多くの判例があります。

① 土地が更地であれば、抵当権設定後に地主が建物を建てても法定地上権は成立しない（最判昭和51年2月27日金法796号77頁）。

② 土地に抵当権を設定した当時、すでに建物があれば、その建物が未登記であっても、建物所有者は法定地上権を土地の競落人に対抗できる（大判昭和14年12月19日民集18巻23号1583頁）。

③ ②の場合で、未登記のまま建物を譲り受けた第三者が保存登記した場合も同様となる（大判昭和7年10月21日民集11巻21号2177頁）。

④ 地上建物が滅失、朽廃により再築されたときは、旧建物のために法定地上権が成立する場合と同一の範囲内で法定地上権が成立する（大判昭和10年8月10日民集14巻17号1549頁）。

⑤ 土地のみに抵当権を設定した後、土地または建物を地主が第三者に譲渡しても、土地が競売されたときは法定地上権が成立する（大判大正12年12月14日民集2巻12号676頁）。

4 法定地上権が成立する場合、土地の担保価値は法定地上権の負担分だけ減価されてしまいますから、上記の判例に照らして考えると、金融機関は建物が立っている土地を担保として取得するにあたって、次のような事項に注意する必要があります。

① 地上に建物がある状態で土地のみに抵当権設定を受けることは、大変危険な行為である。

② 地上建物がどれほど老朽化していようとも、保存登記がされている場合は建物についてもあわせて抵当権設定を受ける必要がある。また、建物が取壊し予定の場合は、取壊しが完了して更地状態となり、かつ建物の保存登記が抹消された後に抵当権設定登記を受けるべきである。

③　地上建物が未登記の場合は、保存登記のうえ共同担保として抵当権設定を受けるか、あるいは建物が取り壊され、更地状態となった時点で抵当権設定を受けるべきである。

5　ところで、信用保証協会の保証付融資に取り組むにあたって、特定の物件に担保権を設定することが保証条件とされたにもかかわらず、金融機関の故意または過失によってこの条件が満たされなかった場合、信用保証協会が受けた損害の限度で「保証契約違反」（約定書例11条2号）を理由とする保証免責となります。このルールと法定地上権の関係について、全国信用保証協会連合会「約定書例の解説と解釈指針」（金法1818号44頁）は次のように解説しています。

「更地を保証条件担保としたが、保証条件とした当初より未登記物件が存在した場合、例えば金融機関が通常行うべき方法により担保調査を行わなかったことにより、未登記物件の存在を把握できなかったときや、未登記物件の存在を知りながら信用保証協会に報告をしなかったときは、保証条件違反として保証免責となるが、未登記物件の存在について金融機関に過失がない場合は、保証免責とならない」。

本事例では、更地への根抵当権設定が保証条件であったのか、土地とその上の建物双方への根抵当権設定が保証条件であったのかが明確ではありません。後者の場合、X銀行が意図的に保証条件に反する融資を行っていることは明確なので、土地および建物の換価相当額と土地部分の配当額の差額について保証免責となると考えられます。前者の場合でも、X銀行が現地実査によって未登記物件の存在を認識していたにもかかわらず信用保証協会に報告せず、C技研の要望を安易に受け入れて土地のみに根抵当権の設定を受けたことは、担保取得にあたって金融機関として当然の注意義務を果たしていない（過失あり）と評価されます。したがって、いずれにしてもX銀行は保証契約違反による保証免責の主張を受け入れざるをえないことになります。

事例研究14　保証条件違反②

　X銀行P支店では、貸店舗で小売業を営む個人事業者Dから、当該店舗を所有権者から買い取るための資金として5,000万円の融資申出を受け、買い受ける店舗に根抵当権（極度額5,500万円）の設定登記を受けることを保証条件として信用保証協会の保証を得て融資に取り組んだ。融資実行日にはDが買い受けた店舗不動産への根抵当権設定登記も受け、これで保証条件を具備し、資金使途違反の問題も生じないと安心した。

　ところが、融資実行から3カ月後に根抵当権設定登記を受けた店舗である建物に対し、国税の滞納処分による差押えがなされたとの通知を受け取ったため、驚いて事実を調査したところ、Dには3,000万円の国税の滞納があり、しかも、その法定納期限はX銀行が根抵当権設定登記を受けた日よりもかなり前であることが判明した。

　このため、P支店の担当者はDに対して滞納税金の納付を促したが、同人にはその余力がなく、X銀行としてもDに対して納税資金を追加融資することは躊躇されたことから事態は好転せず、当該店舗は強制換価されることとなった。

　国税徴収法16条は法定納期限等以前に設定された抵当権の国税に対する優先を定めているが、本事例はその逆のケースのため、強制換価による配当は国税が優先し、X銀行はわずかな金額の配当を受けたのみであった。

　信用保証協会は当然に保証条件違反として保証免責を主張したため、X銀行には多額の未回収債権が発生することとなった。X銀行はなぜ保証免責の主張を受けることになったのだろうか。

●参照：第2章Q23、Q28

---解説---

1 国税債権は納税者の財産の換価代金に対して優先権をもっており、不動産等に対して抵当権設定を受けた抵当権者との関係では、国税の法定納期限と抵当権設定登記日の前後によって優先・劣後が決定されることになります（国税徴収法16条）。このため、金融機関が不動産に抵当権の設定を受ける際には、設定者の納税状況（国税・地方税とも）を調査し、滞納の有無を確認することが基本事項とされています。

2 信用保証協会の保証付融資で特定の不動産に抵当権を設定することが保証条件とされた場合でも、抵当権の設定を受ける際には納税証明書の提出を受けて設定者の納税状況を確認する努力を怠ってはなりません。金融機関が故意または過失により納税状況の確認を怠ったために国税債権が保証付融資債権に優先し、信用保証協会に損害が発生した場合、同協会は損害の限度で「保証契約違反」による保証免責となります。この問題につき、全国信用保証協会連合会「約定書例の解説と解釈指針」（金法1818号45頁）では次のように解説しています。

「金融機関が保証条件にしたがって抵当権の設定を受けたものの、この設定日よりも先に法定納期限が到来する租税債権が存在した場合、金融機関がその存在を知り得なかったときは保証免責とならない。ただし、例えば通常の審査によれば担保提供者の租税の滞納を知り得たにもかかわらず、これを怠った場合や、担保提供者の滞納を知りながら、これを信用保証協会に報告しなかったときは、保証免責となる」。

3 本事例で、X銀行はDの納税状況を確認する努力をまったくしていないので、過失があることは明らかであり、店舗の換価代金のうち国が優先的に配当を受ける3,000万円について保証免責となります。

仮にX銀行がDに融資していなければ、Dが店舗を買い受けることはできず、国税当局がそれを強制換価して税金を徴収することは不可能であったはずなので、国税当局はDからいつまでも税金を徴収することができず、いず

れ税務時効が完成していたでしょう。逆にX銀行にとっては、自らの犠牲のもとに国の税金徴収を助けるというまことに割の合わない事態となったわけです。

事例研究15　保証条件違反③

　Ｘ銀行Ｐ支店では、個人事業者Ｅに対する信用保証協会の保証付き5,000万円の融資に際し、Ｅの父親甲が所有する不動産に根抵当権（極度額5,500万円）の設定登記を受けることを保証条件とされた。甲は89歳の高齢であったが、地元では著名な資産家だった。

　Ｘ銀行の融資担当者Ａは、Ｅが同席した場で甲と初めて対面し、根抵当権設定契約書の主要な内容を説明したが、甲がうなずいていたため、十分な理解を得たものと判断した。そして、契約書の所定欄に署名・捺印を求めたところ、Ｅが署名場所を指示したのを受けて、甲はややたどたどしい筆跡で署名をし、捺印はＥが甲にかわって行った。また、根抵当権の設定登記にあたって登記手続を委任した司法書士と面談した際の甲は、機嫌よく昔話に夢中になり、特段の不審な点はみられず登記手続も完了したことから、Ａはすべての手続は完璧に終わったものと判断した。

　その２年後に、Ｅが手形交換所の取引停止処分を受けて事業破綻したため、Ｘ銀行が信用保証協会に対して残債権4,800万円の代位弁済請求を行ったところ、Ｅと甲に面談した信用保証協会の担当者から「甲との根抵当権設定契約の有効性について疑問あり」との理由で代位弁済を留保する旨の通知を受けた。

　驚いたＸ銀行はあらためて調査したところ、根抵当権設定契約の締結時に甲は認知症を患っており、かつ要介護３の認定も受け、事実上の制限行為能力者ではなかったかとの疑念が生じた。それでも事態の結末をつけるため、担保権の行使を予定していたところ、甲は家庭裁判所から後見開始の審判を受け、同人の成年後見人に就任した弁護士乙から「根抵当権設定契約無効確認、根抵当権設定登記抹消登記手続請求訴訟」の提起を受け、裁判では根抵当権設定契約締結当時の甲の主治医の診断書

等の有力な証拠が提出され、X銀行は敗訴した。
　この判決により、信用保証協会は保証契約違反を理由に保証免責としたため、Eに対する未回収融資債権の全額がX銀行の損害となった。X銀行の融資担当者Aはどのような点を反省すべきであろうか。
● 参照：第2章Q23

解　説

1　信用保証協会の保証付融資で特定の不動産への担保権設定を保証条件とされた場合、金融機関の故意または過失により担保権設定契約が無効とされ、結果として保証条件を満たすことができなければ、それによって信用保証協会に損害が生じた限度で「保証契約違反」（約定書例11条2号）による保証免責となります。

2　では、本事例でX銀行P支店の融資担当者Aの手続のどこに問題点があったのでしょうか。

　高齢者は個人差があるものの加齢による肉体面・精神面の衰えがみられる者が多く、家庭裁判所で後見開始の審判を受けたかどうかにかかわらず、意思判断能力に問題があり、自分自身では正常な判断が困難な者との契約は無効とするのが一貫した判例の立場です。

　そして、預金や為替取引と異なり、融資や保証・担保取引は契約締結までに時間の余裕があるため、本事例のように初対面の高齢者との間で担保契約を締結する場合は、日と時間を変えて複数の面談の機会を設け（できれば主債務者は同席せず、単独での面談が望ましい）、幅広い話題で会話を試みることが重要です。

　認知症を患っている者の特徴として、常時心神喪失の状態にあるわけではなく、正常にみえる時もあるという点があります。重要な契約の相手方としては厄介であり、医学の素人である金融機関職員や、担保権設定登記手続を委任された司法書士では正確に見分けることが困難です。

面談を通じて健常人とどこか異なるという印象をもった場合、それが高齢者の場合はことさらに、時間や場所を変えて複数回の面談の機会をもち、会話の内容も金融取引に限定せず、幅広く、かつ時には同じテーマについて日を変えて話してみることです。そして、会話のなかで矛盾点や疑問点を感じたときは、手段を変えて調査し、判断能力に疑問あれば契約の相手方としては不適当と判断すべきです。

　本事例で、主債務者のEは父親が認知症であることをX銀行に隠し、うまく父親をいいくるめてX銀行の融資担当者Aとの面談を乗り切ったのでしょう。Aが甲と初対面であるにもかかわらず、Aの説明にうなずくだけであった甲の判断能力について何の疑問ももたなかった点は軽率と評価されます。

3　現在では信用保証協会側から第三者保証人の徴求を求めることはないようですが（平成18年3月28日付中小企業庁通達「第三者保証人徴求の取扱いについて」）、本事例のように不動産への担保権設定を保証条件とし、債務者とは別の第三者の所有する不動産について担保権の設定を受けることは十分にありえますので、総じて資産背景の豊かな高齢者との間で担保契約を締結する際の注意事項として認識してください。

事例研究16　預金相殺充当の優先順位

　　X銀行P支店では、㈱F商事に対して1億5,000万円のプロパー融資を行うとともに、同社の代表者で同社への融資の連帯保証人である甲に対しても、信用保証協会保証付きで1,000万円の無担保融資を行っていた。
　　ところが、F商事が業績不振に陥り、同社と甲がともに裁判所に破産手続開始を申し立て、開始決定を得たため、X銀行の両者に対するすべての融資債権は当然に期限の利益を喪失した。
　　P支店には甲からの定期預金500万円があり、当該定期預金に特定の融資債権のための担保権設定はされていない。
　　X銀行としては、F商事に対する融資債権が大幅な保全不足となっていることから、甲名義の定期預金500万円はF商事への融資に対する保証債権と対当額で相殺し、甲への融資については信用保証協会から代位弁済を受けることを予定しているが、これは可能であろうか。
●参照：第2章Q15、Q29

---- 解　説 ----

1　全国信用保証協会連合会「約定書例の解説と解釈指針」（金法1818号33頁）は、借り手・保証人の預金等を保証付債権とプロパー債権の弁済に充当する場合の優先順位について次のように解説しています。
　「④預金債権者が金融機関に対し信用保証協会保証付の主債務と第三者の借入に係る保証債務を負担している場合であって、これが共に相殺適状にある場合の当該金融機関の預金相殺については、信用保証協会保証付債権口へ優先充当することを原則とする」。
2　これは、債権回収にあたり金融機関はプロパー融資債権と保証付融資債

権を平等に取り扱うことを原則としつつ、預金との相殺や条件外担保による回収については一部に例外規定を設けたものと解釈され、事例により、あるいは各地の信用保証協会によって取扱いを異にすることで金融機関現場に混乱が生じるのを回避するため、明確な基準を解釈指針として公表したものです。

3 したがって、本事例で甲名義定期預金をＸ銀行の融資債権の弁済に充当する場合には、まず主債務者を甲とする信用保証協会の保証付債権の弁済に充当し、次にＦ商事へのプロパー融資債権のための甲への保証債権に充当することになります。定期預金500万円はすべて甲に対する保証付融資1,000万円の弁済に充当される結果、Ｆ商事への融資のための甲への保証債権の弁済に充当する預金はありません。

事例研究17　手形支払義務者の民事再生手続開始と
　　　　　　　　異議申立預託金との相殺

　X銀行P支店では、㈱G産業に8,000万円の保証付融資債権があった。しかし、同社は民事再生手続開始となり、期限の利益を喪失した。

　民事再生手続開始申立て時にP支店にあったG産業名義の預金口座にはほとんど残高がなかったが、1カ月前に同社振出しの約束手形300万円の交換提示を受けた際に「契約不履行」を理由に不渡返還し、X銀行が手形交換所へ異議申立手続をとった際に、同社から300万円の異議申立預託金の預託を受けていた。

　X銀行では、この異議申立預託金を同社に対する融資債権に相殺充当できないか検討している。

●参照：第2章Q17、Q29

解説

1　本事例では、X銀行のG産業に対する保証付融資債権とX銀行がG産業に対して負う異議申立預託金返還債務とを相殺できるかが問題になっています。

2　手形交換所への異議申立ては、手形・小切手（以下、「手形」）の振出人・引受人が「契約不履行」や「詐取」等の主として人的抗弁を理由として支払を拒絶した場合に、手形交換所による「不渡報告への掲載」等の制裁を免れる目的で行うものです。支払銀行は不渡返還した手形の手形金相当額を異議申立提供金として手形交換所に提供することを義務づけられ、手形の支払義務者は支払銀行に対し同額の異議申立預託金を預託することが義務づけられます。

3　異議申立預託金は支払銀行にとって預金と同じ金銭債務であり、預託し

た手形支払義務者に対する融資債権との相殺が可能な債務ですが、相殺を行うためには相殺適状（相殺対象の金銭債権・債務の弁済期がともに到来している状態、民法505条）にある必要があります。

　本事例で、異議申立預託金返還債務の弁済期はいつ到来するのでしょうか。支払銀行が異議申立預託金を預託者に返還する時期は、手形交換所から異議申立提供金が支払銀行に返還された後であり、その時期は確定していません。そして異議申立提供金の返還事由は、次のとおり定められています（東京手形交換所規則67条）。

① 不渡事故が解消し、持出銀行から交換所に不渡事故解消届が提出された場合
② 別口の不渡りにより取引停止処分が行われた場合
③ 支払銀行から不渡報告への掲載または取引停止処分を受けることもやむをえないものとして異議申立ての取下げの請求があった場合
④ 異議申立てをした日から起算して2年を経過した場合
⑤ 当該振出人等が死亡した場合
⑥ 当該手形等の支払義務のないことが裁判（調停、裁判上の和解等確定判決と同一の効力を有するものを含む）により確定した場合
⑦ 持出銀行から交換所に支払義務確定届または差押命令送達届が提出された場合

4 本事例では、不渡返還した手形について振出人の手形所持人に対する支払義務の有無等の問題が解決したとはいえないため、上記①⑥⑦は該当せず、また②⑤についても該当しないため、残された該当する可能性のある返還事由は③または④ですが、そのいずれも融資債権との相殺を実現するには問題があります。

　すなわち、③を適用した場合、手形支払義務者であるG産業は不渡報告への掲載等の制裁を受けることとなります。しかし、同社が民事再生手続のなかで再生を図るには銀行取引停止等の制裁処分を避ける必要があります。この点につき「支払銀行が異議申立預託金を、当該不渡手形にかかる手形債務

第3章　事例研究　173

者に無断で取り下げることは、委任契約の趣旨、目的に反して手形債務者を取引停止処分に陥らせることになり、善管注意義務に違反するもので許されない」(仙台高決平成10年2月4日金法1508号75頁)との裁判例もみられるところです。

　また、④については、民事再生法では再生債権届出期間満了までに相殺を行わなければならないことが障害となります（民事再生法92条1項、なお会社更生法48条1項も同趣旨）。異議申立日から起算して2年を経過するまで、再生債権届出期間が終わらないという事態はまれでしょう。

5　もっとも、異議申立預託金を預託者に返還する債務についての期限の利益は預託を受けた金融機関側にあるため、それを自ら放棄して弁済（融資債権と相殺）することは許されるはずです。したがって、異議申立状態を維持している間は支払銀行に異議申立提供金の提供に伴う実質的な資金負担が生じることを甘受しつつ、支払銀行の預託者への融資債権との相殺を行うことは可能と解されます。そのように判断した裁判例もみられるところです（横浜地判平成21年9月17日金法1896号11頁）。

6　したがって、X銀行は異議申立預託金返還債務の期限の利益を放棄し、これとG産業への保証付融資債権とを相殺することによって債権回収を図るべきです。逆に相殺を行わないまま再生債権届出期間が過ぎると、異議申立預託金は再生手続のなかで一般再生債権への弁済に充当されてしまいます。この場合、金融機関は「被保証債権の保全に必要な注意」（約定書例9条1項）を怠ったと評価され、信用保証協会は相殺可能部分について「故意または重大な過失による取立不能」（約定書例11条3号）を理由とする保証免責を主張することになるでしょう。

事例研究18　預金相殺充当の範囲

【事例研究17】について、X銀行P支店が異議申立提供金の返還を待たずに異議申立預託金を保証付融資債権に相殺充当する場合、どのような範囲で充当が可能だろうか。なお、相殺対象の債権・債務関係は次のとおりである。

(1) 貸金債権

元本　80,000,000円　　期限の利益喪失日　平成28年6月30日

約定利率　年2.0%　　遅延損害金利率　年14.0%

相殺予定日　平成28年11月30日（期限の利益喪失日から153日）

・代位弁済対象とされる遅延損害金　526,027円（年2.0%×120日）

・代位弁済対象外の遅延損害金

　① 144,657円（年2％×（153日－120日））

　② 4,024,109円（（年14％－2％）×153日）

(2) 異議申立預託金　3,000,000円

●参照：第2章Q18

解説

1　本事例を第2章Q18の図表12に当てはめると、別図のようになります。

2　X銀行の立場で債権回収の極大化を実現するには、異議申立預託金返還債務300万円全額を、G産業への融資債権全体のうち、代位弁済の対象とならない遅延損害金部分（年2％・33日分の144,654円＋年12％・153日分の一部として2,855,345円）に充当することとなります。

しかしながら、信用保証協会の運用では、X銀行が優先して相殺充当できる対象は144,657円（約定利率2％による33日分）に限定され、それ以外の遅延損害金債権については信用保証協会との協議によることとされています。

別図　代位弁済の範囲と預金相殺の充当

153日 年12%（14%－2%）4,024,109円	
120日 年2%　526,027円	33日 年2%　144,657円

- 代位弁済の対象
- 代位弁済の対象外（相殺充当は協議による）
- 代位弁済の対象外（相殺充当は金融機関優先）

　したがって、X銀行は約定利率で計算した部分以外の遅延損害金について異議申立預託金返還債務で相殺充当できるかどうかを信用保証協会との事前協議によって決定する必要があります。

3　金融機関が保証付融資債権について信用保証協会から代位弁済を受ける状態にある場合、相殺充当すべき債務者預金はほとんど残っておらず、遅延損害金債権のごく一部にしか相殺充当できないのが現実の姿です。しかし、まれに本事例のように異議申立預託金の預託を受けた状態で代位弁済請求することがあります。預金と異なり、異議申立預託金の存在は見落としがちであるため、十分に注意すべきあり、現実に相殺を行う際には相殺による弁済充当対象について信用保証協会と協議する必要があります。

事例研究19　金融業者の債権回収のための融資

　X銀行P支店では、取引先担当者Aが㈱H不動産の甲社長から下請けの建設業者への新規融資案件を紹介され、信用保証協会の保証付きで1,000万円の融資取引が実現した。これで味を占めたAは、他の下請業者の紹介を依頼したところ、次々と紹介を受け、いずれも保証付融資の新規取引が実現したが、そのなかには建設業ではなく、同社との取引関係がありそうもない他業種の事業者もいくつか含まれていた。

　Aはある時、紹介を受けた融資先の1社への融資金が同社の預金口座に入金された数日後、大半の資金が払い戻され、甲社長個人の預金口座に入金されていることを発見した。

　次に、最初に紹介を受けた融資先を皮切りに次々と弁済の延滞が発生し、信用保証協会から代位弁済を受けるケースも何件か発生したが、X銀行は責任共有部分の債権回収が不能となるのみで、多額の損失が発生することはなかった。

　そのようななかでH不動産を訪問したAは、甲社長からさらに別の新規融資案件の紹介を受けた。その際、同社長名義の貸金業の登録票が社内に掲示されているのを発見した。

　AはP支店の上司である融資課長Bから、H不動産からの紹介案件の融資取組みはしばらくの間見送るよう指示されていたため、保証付新規融資の取組みは困難であると回答すると、甲社長から、今回の紹介先の代表者の父親への年金担保融資を検討してほしいとの申出を受けた。Aは甲社長の申出をどのように考えるべきか。

● 参照：第2章Q31、Q34

---- 解 説 ----

1 甲社長からの紹介案件には、次のとおり多くの疑問点が存在します。
① 紹介先が同社の下請業者の場合、建築請負代金の支払に伴う資金の流れは「H不動産から下請業者へ」となるべきところ、融資金が「下請業者から甲社長の個人口座へ」となっていることは正常な資金の流れとは思えない。
② 紹介を受けた融資先のうち、H不動産と取引関係が本当にあるか疑問なものがみられる。
③ 紹介先への融資の多くについて延滞が発生している。
④ X銀行が融資に難色を示した紹介先の代表者の父親に対する年金担保融資の申出を受けている。

2 これらの点から、Aが紹介を受けた新規融資先はいずれも甲社長の金融業の利用者であり、同社長の貸金債権回収の手段としてX銀行の保証付融資が利用されているのではないかという疑問が浮かび上がります。もしそうであれば、同社長の紹介案件に取り組むことは、信用保証協会の保証制度の趣旨・目的や、X銀行の貸付方針に反することとなるため、これ以上の新規紹介融資は採択しないという方針は正しいといえます。

3 また、今回の甲社長による年金担保融資の紹介についても、その目的が同様に甲社長の貸金債権回収にあるのなら、年金担保融資制度の趣旨・目的に反するため、採択するべきではありません。年金担保融資は、窓口となる金融機関に資金負担や債権回収不能による損害が生じないため、金融機関としては安易に取り組みがちです。そこを金融業者に付け込まれることが多く、金融機関から年金担保融資を引き出すことは、彼らの貸金債権回収のいわば常套手段となっています。

4 さらに、これまでの経緯から、H不動産自身も金融機関の取引先としてふさわしくない存在である可能性が高いと考えられます。X銀行は同社との取引についても見直す必要があります。

事例研究20　反社会的勢力に対する保証付融資

　X銀行P支店では、大規模建物の構造設計を業とする㈱J設計に対して信用保証協会の保証付きで6,000万円の新規融資に取り組んだ。ところが、P支店の営業担当者Aが取引開始から約6カ月後に同社の営業所を訪問したところ、かつて設計技師が執務していた部屋の設備がすっかり取り払われ、派手な応接セットに変わっていた。また、取引開始時に1度だけ会ったことのある営業部長Bを、従業員が「社長」と呼んでいることに驚いた。Bに事情を聞いたところ、Bは最近社長に就任し、明日にでもX銀行に挨拶に行く予定とのことだった。そこで、帰店後に急いでJ設計の登記事項証明書を取り寄せると、同社は金融業に業種変更しており、新代表者のBは地元で派手に活動している指定暴力団組員であることが警察情報により判明した。

　J設計に対する融資債権は現状、約定どおりに分割弁済が履行されているものの、X銀行が同社から受け入れた銀行取引約定書や、同社と信用保証協会との間の保証委託契約書には、いずれも「暴力団排除条項」が明記されている。このため、X銀行は同社について期限の利益喪失手続をとることが可能と判断した。

　AはJ設計との取引開始時、事務所の現地訪問や当時の代表者と称する人物との面談を複数回実施したが、不審な点はなく、登記された同社の取締役・監査役の全員についてX銀行で収集・蓄積した反社会的勢力情報への検索・照会を実施したが、反社会的勢力に該当する者は存在しなかった。当時、営業部長と称していたBは取締役ではなかったため、検索・照会の対象とはしなかったが、今回あらためて検索・照会した結果、反社会的勢力に該当し、半年前の融資取引開始時に検索・照会した場合も同一の結果が出ることが判明した。

　今後、X銀行はJ設計に対する債権回収をどのように進めるべきか。

また、信用保証協会に対してはどのように対応するべきであろうか。
● 参照：第2章Q31

---- 解 説 ----

1 J設計がX銀行との融資取引開始後に金融業へ業種転換した事実や、指定暴力団組員が会社代表者に就任した事実等から、同社は反社会的勢力の支配下にあり、銀行取引約定書等に定める暴力団排除条項に抵触すると判断されます。反社会的勢力との関係遮断は今日の社会的要請であり、とりわけ業務内容が公共性に富む金融機関にあっては、他業種に比べて反社会的勢力との関係遮断がより強く求められるところです。

本事例で、J設計への融資は約定どおりの分割弁済が履行されており、この状態を維持することで債権回収の極大化を図るべきとの見解もありえます。しかし、上述の社会的要請を考慮すると、融資契約上、暴力団関係者に対して期限の利益を付与すること自体が不適切であり、暴力団排除条項に基づいて直ちに期限の利益を喪失せしめ、債権の一括回収に着手すべきでしょう。

2 この場合、期限の利益を喪失したJ設計が借入全額の返済に応じなければ、X銀行は保証契約に基づき信用保証協会に対して未回収債権の全額（部分保証方式の責任共有制度のもとでは未回収債権の80％相当額）について代位弁済を請求することとなります。

しかし、信用保証協会は本事例と同種の事案で、要素の錯誤（民法95条）を理由とする保証契約の無効と、保証契約違反を理由とする保証免責（約定書例11条2号）を主張し、金融機関との間で多くの訴訟が発生していました。

これに対して最高裁は、「現在の保証制度下では要素の錯誤はない」として錯誤無効の主張を否定する一方、「保証契約違反による保証免責については、主債務者が反社会的勢力であるか否かについて、その時点において一般的に行われている調査方法等に鑑みて相当と認められる調査をすべき義務の

履行の程度により判断される」との方向性を示しました（最判平成28年1月12日民集70巻1号1頁）。

3 本事例でも「要素の錯誤」が成立すべき特段の事情はみられないことから、検討すべきは保証契約違反に絞られることになるでしょう。X銀行は融資取組みに先行して借り手の事業所への訪問や代表者と称する人物との面談を複数回にわたって実施したが特段の疑問点がなかったこと、登記された取締役・監査役の全員について反社会的勢力情報の検索・照会を行ったが反社会的勢力への該当者を見出せなかったことから、「一般的に行われている調査方法に鑑みて相当と認められる調査をすべき義務」を十分に果たしたと認定される可能性が高いと思われます。ただし、営業部長と称する人物（当時）についても反社会的勢力情報の検索・照会を実施していれば、別の融資判断になったであろうことは否定できず、信用保証協会との間で大きな争点となるものと推定されます。

4 実務上は、X銀行はまず信用保証協会との間で代位弁済の可否およびその範囲について協議する必要があります。協議が不成立の場合、最終的には訴訟によって解決を図るしかありませんが、X銀行が敗訴した場合は融資債権全額につき、勝訴して代位弁済を受けた場合であっても部分保証方式の場合はプロパー部分につき、引き続きJ設計からの債権回収に努めなければなりません。回収が困難視される場合は、預金保険機構（その委託を受けた整理回収機構）が実施する特定回収困難債権買取制度の利用等が検討されるでしょう。

事例研究21　融資金詐欺犯に対する保証付融資

　Ｘ銀行Ｐ支店では、信用保証協会の保証を得て㈱Ｋ設備に対して新規に5,000万円を融資したが、融資実行翌月の第１回分割弁済が履行されたのみで２回目から履行されず、同社への電話連絡も不可能となった。そこで、Ｐ支店で本件融資を担当した融資係員Ａが同社の事務所兼作業場を訪問したところ、だれの姿もみえず、登記簿上の事務所の不動産所有者を探して事情を聞いたところ、Ｋ設備は１年間の賃貸借契約で事務所を借りていたが、先月末日に賃借期間を残して退去したという事情が判明した。

　Ｋ設備の本店所在地はＰ支店から遠方にあったが、同社代表者ＢがＰ支店に最初に来店した際に面談したＡは、ＢからＰ支店の近隣での取引先増加に伴い、事務所兼作業場を賃借して新たな営業拠点を設けたとの説明を受けていた。翌日、Ａがその裏付調査のために当該事務所を訪問すると、Ｂは不在であったものの同社の従業員と称する者から聴取した内容がＢの説明内容と符合していた。また、提出された同社の決算書や事業計画書も整然とした内容であったため、有望な取引先として融資採択の判断をしたものであった。

　しかしながら、その後、Ｘ銀行は巧妙な手口による融資金詐欺にあったと認識せざるをえない事態となったのである。Ｘ銀行にとってＫ設備への融資の現実的な回収手段は信用保証協会に対する代位弁済請求のみであるが、どのような事態が想定されるであろうか。

● 参照：第２章Ｑ32

---- 解　説 ----

1 信用保証協会と金融機関の間では、本事例と類似の事案において代位弁

済請求の可否が争われた裁判例がいくつかみられます。信用保証協会側からは反社会的勢力に対する保証付融資の代位弁済請求の事案（事例研究20参照）と同じく、「要素の錯誤による保証契約無効」と「保証契約違反による保証免責」という2つの主張がなされています。

このうち、「要素の錯誤」については、現在の保証制度のもとでは認められないとする判断が最高裁によって出されましたが（Q32）、「保証契約違反」については金融機関による融資先調査の内容や程度に応じて個別に判断されることとなります。

2 本事例について「保証契約違反による保証免責」の成否を検討すると、X銀行は新規融資の申出を受けて裏付調査のためにK設備の営業所訪問等を行っており、金融機関として一般的に期待されている相当と認められる調査を実施したとも思われます。しかし、本店所在地がP支店から遠方にあるなど不審な点もあり、そのような通り一遍の調査では不十分だったという結論になる可能性もあります。

3 いずれにしても、金融機関は信用保証協会による保証に甘んじて、本来金融機関として尽くすべき融資先に対する調査義務の履行がおろそかとなってはなりません。本事例のような融資金詐欺は、金融機関で時おり発生しています。その仕掛けは組織的かつ大規模で、手口はきわめて巧妙であり、特に現在のように借入需要が全般的に低迷しているときには、金融機関において新規融資取引先獲得意欲が強いことから、詐欺犯に付け込まれる危険性が高いといえます。

そのため、金融機関側から時間をかけて勧誘したのではなく、借り手側から新規借入れの申出を受けた場合は、より慎重な信用調査を実施したうえで融資採択の可否を判断する必要があります。結果として融資金詐欺にあったAは、本件の対応において何が欠けていたのかについて検証し、貴重な経験として今後の業務に生かすよう努めなければなりません。

巻末資料

[信用保証協会と金融機関の間で締結した約定書ひな形]

約　定　書

　○○信用保証協会（以下「甲」という。）と○○銀行（以下「乙」という。）は、信用保証協会法第20条に基づく保証（以下「保証契約」という。）に関して次の各条項を約定する。

（成立）
第1条　保証契約は、甲が乙に対し信用保証書を交付することにより成立するものとする。

（効力）
第2条　保証契約の効力は、乙が貸付を行ったときに生じる。
　2．前項の貸付は、信用保証書発行の日から30日以内に行うものとする。但し、甲が特別の事情があると認め、乙に対し承諾書を交付したときは、60日まで延期することができる。

（旧債振替の制限）
第3条　乙は、甲の保証に係る貸付（以下「被保証債権」という。）をもって、乙の既存の債権に充てないものとする。但し、甲が特別の事情があると認め、乙に対し承諾書を交付したときは、この限りではない。

（貸付、償還状況報告）
第4条　乙は、第2条の貸付を行ったときは、遅滞なく甲に通知するものとする。
　2．乙は、被保証債権の全部又は一部の履行を受けたときは、遅滞なく甲に通知するものとする。

（保証契約の変更）
第5条　保証契約の変更は、甲が乙に対し変更保証書を交付することにより成立するものとする。
　2．変更保証契約の効力は、乙が変更保証書に基づく変更の手続を完了したときに生じる。
　3．前項の手続は、変更保証書発行の日から15日以内に行うものとする。
　4．乙は、保証契約の変更手続を完了したときは、遅滞なく甲に通知するものとする。

（保証債務の履行）
第6条　甲は、被保証債権について債務者が最終履行期限（期限の利益喪失日を含む。以下同じ。）後90日を経てなお、その債務の全部又は一部を履行しなかったときは、乙の請求により保証債務の履行をするものとする。但し、

特別の事由があるときは、90日を経ずして甲に対し保証債務の履行請求を行うことができる。
　２．前項の保証債務の履行の範囲は、主たる債務に利息および最終履行期限後120日以内の延滞利息を加えた額を限度とする。
　３．延滞利息は、貸付利率と同率とする。
（保証債務履行請求権の存続期間）
第７条　乙は、最終履行期限後２年を経過した後は、甲に対し保証債務の履行を請求することができない。
（保証料徴収の委託）
第８条　乙は甲に代り被保証人から保証料（延滞保証料を含む）を徴収するものとする。
　２．乙は、前項の保証料を徴収したときは、その都度甲に送金するものとする。
（債権の保全・取立）
第９条　乙は、常に被保証債権の保全に必要な注意をなし、債務履行を困難とする事実を予見し、又は認知したときは、遅滞なく甲に通知し、且つ適当な措置を講じるものとする。
　２．乙は、被保証債権について債務者に対し期限の利益を喪失せしめたときは、直ちに甲に通知するものとする。
　３．乙は、債務者が被保証債権の履行期限（分割履行の場合の各履行日を含む。）に履行しない場合には、甲の保証していない債権の取立と同じ方法をもって、被保証債権の取立をなすものとする。
（債権証書及び担保物の交付）
第10条　乙は、甲より第６条による保証債務の履行を受けたときは、被保証債権に関する証書及び担保物を甲に交付するものとする。
（免責）
第11条　甲は、次の各号に該当するときは、乙に対し保証債務の履行につき、その全部または一部の責を免れるものとする。
　(1)　乙が第３条の本文に違反したとき。
　(2)　乙が保証契約に違反したとき。
　(3)　乙が故意若しくは重大な過失により被保証債権の全部又は一部の履行を受けることができなかったとき。
（手続）
第12条　この約定による保証契約上の手続は、別に定めるところによるものとする。
（変更）
第13条　この約定の内容に変更を加えようとするときは、甲乙双方協議の上、

決定するものとする。
（約定書の所持）
第14条　この約定書は２通作成し、甲乙各自１通を保有するものとする。

　　平成　　年　　月　　日
　　　　　　　　甲　　　　　　　　　　　　　　印
　　　　　　　　乙　　　　　　　　　　　　　　印

［信用保証書例］

	御中		
被保証人　　　　生（設立）年月日		顧客番号	保証番号
		保証日 平成　　年　月　　日	資金使途
保証期間 実行日の日から　　か月 （貸付実行日の応当日まで）		貸付金額 　　　　　　　　　円	保証金額 貸付金額に保証割合 を乗じた額
		保証割合　　負担金 　　　　％	保証形態
返済方法		制度	利率（割引利率） 金融機関所定の利率 による
		形式	

（注）　本信用保証書の有効期限は平成　　年　　月　　日です。
　　　　ただし特別の事情があると協会が認めた時は平成　　年　　月　　日とします。

〇〇県信用保証協会　㊞

事項索引

あ
赤字資金 …………………………… 91

い
異議申立提供金免除特例の申請 …… 39
異議申立預託金返還債務 ………… 172
異議を留めない承諾 ………………… 28
一部免責 …………………………… 74
一般定期借地権 …………………… 20
囲繞地通行権 ……………………… 26
依頼返却 …………………………… 42

う
売掛債権担保融資保証制度 ……… 30

え
営業活動によるキャッシュフ
　ロー ……………………………… 33
延滞の恒常化 ……………………… 37
延滞発生 …………………………… 37

か
改正借地借家法 …………………… 18
仮差押え …………………………… 49

き
期限の利益喪失事由 ……………… 37
期限の利益の請求喪失 ……… 48,53
期限の利益の喪失 …………… 51,53
期限の利益の当然喪失 …………… 48
季節資金 …………………………… 91
キャッシュフロー ………………… 32

キャッシュフロー計算書 ………… 32
キャッシュフロー分析 …………… 123
旧債振替 ……………… 71,73,76,126,
　　　　　　　　　　　128,131,135
求償権行使 ………………………… 85
極度超過 …………………………… 79
銀行取引約定書 …………………… 156
金銭債権の担保 …………………… 27

け
経営者保証ガイドライン …………… 2
経常運転資金 ……………………… 91
決算・賞与資金 …………………… 91
現金主義 …………………………… 32
堅固建物 …………………………… 95
権利の濫用 ………………………… 64

こ
故意または重大な過失による取
　立不能 ……………… 71,97,146,149
公示送達 …………………………… 52
公正証書 …………………………… 79
戸籍附票 …………………………… 57

さ
債権譲渡担保契約 …………… 28,101
債権届出 …………………………… 100
債権の正常化交渉 ………………… 42
債権の発生原因 …………………… 31
財務活動によるキャッシュフ
　ロー ……………………………… 33
債務承認による消滅時効中断の

相対的効果	15	条件変更契約	35
債務引受契約	14	商事留置権	156
債務免除の絶対的効果	15	譲渡禁止特約	28
先取特権	157	承認	15
錯誤無効	78	除斥期間	113
差押え・仮差押えまたは仮処分	15	信用創造機能	2
差押命令	64	信用保険約款	85
		信用保証書	9
		信用保証書の発行日以前に融資	11

し

事業用定期借地契約	18
事業用定期借地権	20
資金使途違反	3, 82, 86, 90, 93, 137, 140, 143
資金収益	4
資金需要原因	90
資金の期間変換機能	2
時効の中断	15
事故報告書	3, 46
事実上の制限行為能力者	44
私署証書	79
地主の承諾書	23
支払義務者に対する譲渡通知	28
支払義務者の承諾	28
支払人口債権	60
事務取扱要領	78
借地契約	18
借地権付建物	22
借地上の建物	18
集合債権	30
集合動産	30
熟慮期間	58
紹介融資	115
承継主義	58
条件外担保の解除	153
条件担保の解除	153

せ

請求	15
清算主義	58
善管注意義務	4
全部免責	74
占有改定	31

そ

増加運転資金	91
相続財産管理人	57
相続人不存在	56
相続放棄	56
相続放棄申述受理証明書	57
即時取得	30
租税債権	96

た

代位弁済	9
代位弁済請求	69
滞貨資金	91
第三債務者名	31
第三者保証人の徴求	169
代理受領	102
建物買取請求権	20
建物譲渡特約付借地権	20

事項索引 191

担保保存義務違反 ············· 151,155
担保保存義務免除特約 ············· 152

ち
地上権 ······························ 21
地代の不払い ······················ 23
中小企業金融円滑化法 ············· 5
重畳的債務引受契約 ··············· 14
賃貸人の承諾にかわる許可 ········· 22

つ
つなぎ融資 ························ 11

て
テールヘビー型返済 ··············· 76
手数料収益 ························· 4
店頭返還時限 ······················ 39
転付命令 ·························· 64

と
動機の錯誤 ······················· 103
当座貸越根保証 ··················· 79
動産・債権譲渡登記制度 ··········· 29
投資活動によるキャッシュフ
　ロー ··························· 33
同等管理義務 ······················ 97
土地の賃借権 ······················ 21

に
入金待ち ·························· 42

ね
根保証 ···························· 10
年金担保融資 ····················· 178

は
発生主義 ·························· 32
反社会的勢力 ················ 106,179
反社会的勢力との取引排除 ········· 6

ひ
非堅固建物 ······················· 95

ふ
普通借地権 ····················· 19,20
振込指定契約 ····················· 102

へ
変更保証契約 ····················· 153
返済条件緩和 ····················· 123

ほ
法人成り ·························· 14
法定代位者のための担保保存義
　務 ··························· 4,99
法定地上権 ················· 26,94,161
法定納期限 ··················· 96,165
法定の代位権者 ·················· 152
保証金返還請求権 ················· 23
保証契約違反 ······ 71,78,104,180,183
保証債務履行請求権の存続期間 ··· 113
保証条件違反 ············· 160,164,167
保証条件外の担保・保証 ············ 4
保証条件担保 ····················· 94
保証制度要綱 ····················· 78
保証人間の分別の利益 ············· 81
保証日 ···························· 9
保証免責 ························· 71
本人特定事項 ····················· 80

ま
前に生じた原因 …………………… 102

み
みかじめ料の徴収 ………………… 106
未登記建物 …………………… 95, 160
みなし送達 ……………………………… 52
民事留置権 ……………………………… 159

む
無担保保証 ……………………………… 18

め
免責的債務引受契約 ………………… 14

や
約定書例の解説と解釈指針 …. 59, 73,
  83, 98, 150, 153, 163, 165, 170

ゆ
融資金詐欺 …………………… 110, 182

有担保保証 ……………………………… 18

よ
要求払預金残高の減少 ……………… 42
要素の錯誤 ………… 103, 110, 180, 183
預金相殺 ……… 59, 63, 66, 67, 170, 175

り
流動資産担保融資保証制度 ………… 30
僚店債権 ………………………………… 60

れ
冷却期間 ………………………………… 69
連帯債務 ………………………………… 15

ろ
ロイヤルティの高い取引先 ………… 87

事項索引　193

信用保証協会保証付融資の債権管理

平成29年7月18日　第1刷発行

著　者　両部　美勝
監修者　中務　嗣治郎
発行者　小田　徹
印刷所　三松堂印刷株式会社

〒160-8520　東京都新宿区南元町19
発　行　所　一般社団法人 金融財政事情研究会
企画・制作・販売　株式会社きんざい
出 版 部　TEL 03(3355)2251　FAX 03(3357)7416
販売受付　TEL 03(3358)2891　FAX 03(3358)0037
URL http://www.kinzai.jp/

・本書の内容の一部あるいは全部を無断で複写・複製・転訳載すること、および磁気または光記録媒体、コンピュータネットワーク上等へ入力することは、法律で認められた場合を除き、著作者および出版社の権利の侵害となります。
・落丁・乱丁本はお取替えいたします。定価はカバーに表示してあります。

ISBN978-4-322-13098-0